HEYNE
BÜCHER

HEYNE KOCHBÜCHER

Ali Riza Kaya

Die Türkische Nationalküche

aus allen Regionen

200 Originalrezepte

Originalausgabe

WILHELM HEYNE VERLAG
MÜNCHEN

HEYNE KOCHBUCH
Nr. 07/4451

Printed in Germany
Umschlagfoto: Essen & Trinken, Burda
Kulinarische Landkarte: Hannes Fleischer, München
Umschlaggestaltung: Atelier Ingrid Schütz, München
Satz: Schaber, Wels
Druck und Bindung: Ebner Ulm

ISBN 3-453-40435-1

INHALT

Abkürzungen:

EL = Eßlöffel
TL = Teelöffel
l = Liter
Msp = Messerspitze

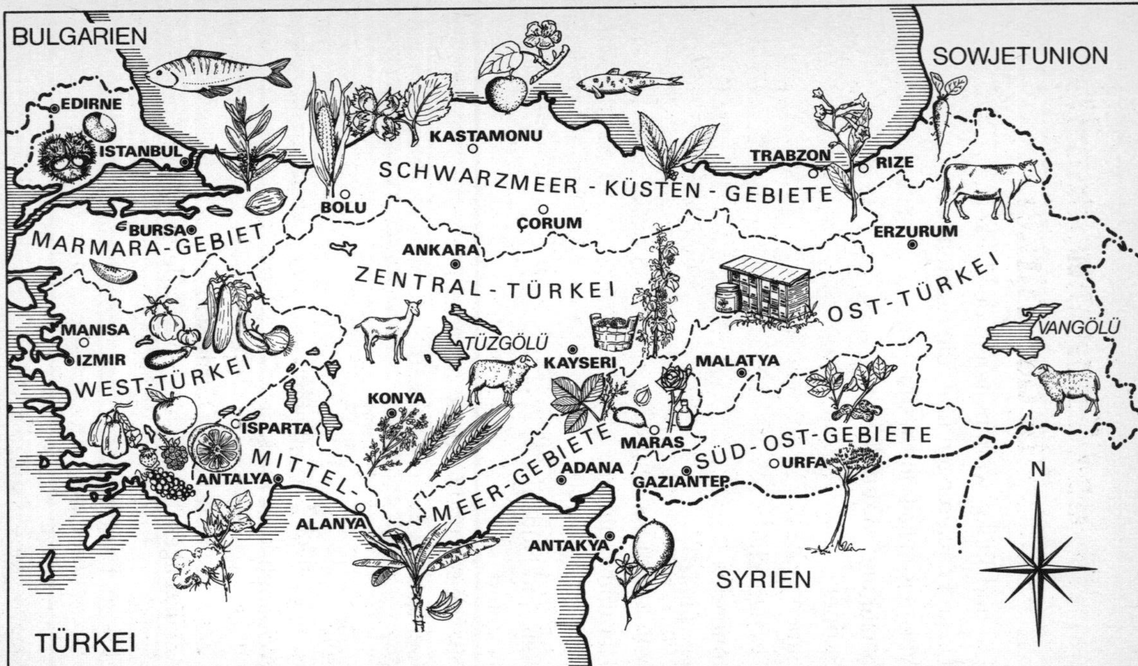
BULGARIEN
SOWJETUNION
EDIRNE
ISTANBUL
KASTAMONU
TRABZON
RIZE
SCHWARZMEER - KÜSTEN - GEBIETE
BOLU
ÇORUM
ERZURUM
BURSA
MARMARA-GEBIET
ANKARA
ZENTRAL - TÜRKEI
OST-TÜRKEI
MANISA
IZMIR
TÜZGÖLÜ
VANGÖLÜ
KAYSERI
MALATYA
WEST-TÜRKEI
KONYA
ISPARTA
MARAS
SÜD-OST-GEBIETE
MITTEL-
MEER-GEBIETE
ADANA
URFA
GAZIANTEP
ANTALYA
ALANYA
ANTAKYA
N
SYRIEN
TÜRKEI

Eß- und Trinkgewohnheiten in der Türkei

Das Sprichwort »Essen und Trinken hält Leib und Seele zusammen« trifft die Mentalität der Türken exakt. Denn hier bedeutet Essen nicht nur Stillen von körperlichen Bedürfnissen, sondern dient gleichzeitig der Unterhaltung und ist Rahmen für den Umgang mit Freunden und Verwandten. Jede Mahlzeit ist so sorgfältig zubereitet wie ein Festmahl. Es ist Tradition, daß die ganze Familie zusammenkommt, und man ißt und trinkt nicht nur, sondern plaudert und erzählt Geschichten, so daß die Mahlzeit sich oft über Stunden hinzieht. Ohne besonderen Anlaß kommen häufig Verwandte und Freunde zu Besuch, sie werden gastfreundlich aufgenommen und man bittet sie, doch zum Essen zu bleiben.

Die Eßgewohnheiten in Stadt und Land sind verschieden und werden auch von den regionalen Gegebenheiten beeinflußt. In der Zentral- und Osttürkei stehen meistens Mehl- und Fleischgerichte auf dem Speisezettel. Viele Gerichte werden im Sommer für den Eigenbedarf im Winter, z. B. durch Trocknen frischer Erzeugnisse, vorbereitet, so Tarhana, Bulgur, Eriste (selbstgemachte Bandnudeln), Tomaten- und Paprikamark (türkisches Sambal Olek), Dörrobst und Dörrfleisch.

Im täglichen Leben auf dem Lande spielt der Erdofen — *Tandir* — eine große Rolle. Er wird zum Heizen, Kochen und Backen benutzt. Zum Beispiel wird mit seiner Hilfe Erdofenbrot hergestellt, indem man Hefeteigfladen an die Innenwände des Ofens klebt. Wenn das Brot fertig ist, rutscht es herunter.

Brot ist ein unentbehrlicher Bestandteil aller Mahlzeiten, es kann sogar das Besteck ersetzen: Man verwendet in diesem Fall hauchdünne Fladen, die mittels einer Stahlform, welche man mit der Wölbung nach oben auf den Erdboden setzt, hergestellt werden, indem man den Teig dünn darübergießt und beinahe sofort wieder abnimmt. Auf diese »Pizza« wird z. B. Hackfleisch gegeben und alles zusammengerollt — *Sebit Yaglamasi* —, und man taucht diese Röllchen dann in Joghurt-Knoblauch-Sauce und ißt diese Kayseri-Spezialität mit den Fingern.
Was für die Zentral- und Osttürkei der Erdofen, ist für die Schwarzmeerküste der Kamin. Auch im Kamin wird gekocht und sogar Brot gebacken, aber hier füllt man eine Tonschüssel von gut 40 cm Durchmesser und 8—10 cm Tiefe mit einem Teig aus Weizen- oder Maismehl. Diese Form kommt dann in die Glut des Kamins und wird mit einem Stahlblech zugedeckt, darauf kommen eine oder zwei Schaufeln Glut, und nach 35—40 Minuten ist das Brot fertig. Direkt an der Küste bereitet man Sardinen auf viele Arten zu. Grundlage vieler Suppen ist Mais. Der aromatische türkische Tee wird hier besonders häufig getrunken, und zwar ungesüßt, aber dafür legt man sich ein Stück Zucker auf die Zunge und läßt den Tee beim Trinken darüberrinnen.
Die Südosttürkei ist die Heimat vieler Süßigkeiten, wie *Baklava.* Die Stadt Gaziantep ist berühmt für diese Spezialität. Außerdem kommen über 60 der bekannten Kebab-Arten von hier. *Kebab* bedeutet, daß ein Gericht ohne Zugabe von Wasser geröstet, gegrillt oder gebraten wurde, wodurch es besonders würzig schmeckt. In und um die Stadt Adana ist es üblich, viele Gerichte, wie auch die Türkische Pizza — *Lahmacun* —, mit dem Saft von Kakifrüchten zu begießen. Vielfach wird zum Essen ungegorener Traubenmost — *Sira* — getrunken. Hier liebt man sehr scharf gewürzte Speisen und verwendet häufig Summach bei der Zubereitung.
Mittelmeer, Ägäisches Meer und Marmarameer sind Re-

gionen, in denen naturgemäß Fischgerichte Hauptbestandteil der Ernährung sind, die man hier mit Gemüse kombiniert.
In diesen Landstrichen sind *Mezeler* — kleine Vorspeisen — in großer Vielfalt besonders beliebt.
Die Kunst, Sorbets zu bereiten, hat hier eine lange Tradition, berühmt sind Kornelkirschen- (Sauerkirsch), Granatapfel- und Erdbeersorbets.
In den Wintermonaten trinkt man gerne Boza, ein Hirsegetränk mit Zimt und Ingwer abgeschmeckt. Am Morgen trinkt man vorzugsweise *Mergens,* ein Getränk aus Milch mit Knabenkrautpulver und Zimt, es wird häufig von Händlern am Straßenrand feilgeboten.
In der Fastenzeit wird gerne *Güllac,* aus Reismehl hergestellte dünne Oblaten mit zerkleinerten Nüssen, und Milch verzehrt. Außerdem schätzt man Sesamkringel und Fladenbrot, mit Sesam oder schwarzem Kümmel bestreut.
Durch den Ausbau des Verkehrsnetzes ist es heute möglich, viele Produkte schnell über weite Strecken zu befördern, so daß Spezialitäten, die früher nur in bestimmten Gegenden erhältlich waren, weiter verbreitet sind. Die Geheimnisse der Zubereitung fanden aber häufig nicht so schnelle Verbreitung, so daß es sich für den Feinschmecker auch heute noch empfiehlt, regionale Köstlichkeiten am Ursprungsort zu genießen.

Einige Erläuterungen über die Zutaten

Käse — ***Peynir***
In der Türkei verwendet man 5 Hauptsorten, und zwar

Schafkäse	*Beyaz Peynir*
Weichkäse	*Lor Peyniri*
Hartkäse	*Kasar Peyniri*
Hartkäse, fettarm	*Kaskaval*
Weißkäse	*Tulum Peyniri*

Als Knabberei zum Raki, dem türkischen Anisschnaps, wird häufig Weißkäse gegessen. Der Weißkäse reift in Lederbeuteln.

Luftgetrocknetes Dörrfleisch — ***Pastirma*** **(Schinken)**
Das Fleisch wird mit einer Paste — *Çemen* — aus Cumin, Knoblauch und Paprika bestrichen und langsam an der Luft getrocknet. Am bekanntesten ist das Dörrfleisch aus Kayseri.

Fischrogen — ***Balik Yumartasi***
Eine spezielle Art der Konservierung von Fischrogen wird in der Türkei praktiziert: Der Rogen wird getrocknet und mit Wachs versiegelt. Nach Bedarf werden hauchdünne Scheiben abgeschnitten.

Getrocknete Makrelen — ***Çiroz***
Wenn die Fangergebnisse sehr reich sind, konserviert man den Überschuß, indem die ausgenommenen Fische getrocknet werden, und später bereitet man daraus beispielsweise einen köstlichen Salat.

Eingelegter Thunfisch — *Lakerda*
Wird zur Rakitafel mit roten Zwiebeln serviert.

Knoblauch-Hartwurst — *Socuk*
Eine in der Türkei sehr beliebte luftgetrocknete Wurst aus Hammel- und Rindfleisch.

Sesamcreme — *Tahin*
Zum Abschmecken vieler Gerichte und Vorspeisen oder als Brotaufstrich zum Frühstück.

Traubensirup — *Pekmez*
Durch Kochen eingedickter Traubenmost. Wird häufig mit Tahin vermischt und wie Marmelade verwendet oder als Nachtisch serviert.

Rosenwasser — *Gülsuyu*
Wird zum Verfeinern von Süßspeisen verwendet.

Eingelegte Weinblätter — *Yaprak Salamurasi*
Sie sind die Grundlage vieler kalter und warmer Vorspeisen und Hauptgerichte.

Geriebener Trockenteig — *Tarhana*
Ein aus Joghurt, Mehl, Grieß und Fleischbrühe hergestellter Teig, der (an der Sonne getrocknet und fein zerrieben) zur Zubereitung von Suppen verwendet wird.

Blätterteig — *Yufka*
Runde Fladen von ca. 50 cm Durchmesser und etwa 200 g Gewicht, die fertig gekauft werden und für die Hausfrauen und Köche eine große Erleichterung bedeuten. Grundlage vieler herzhafter Börek — gefüllte Teigblätter.

Fadennudelteig — *Tel Kadayis*
In der Türkei kauft man vorbereiteten Teig für süße Mehlspeisen.

Strudelteig — *Ekmek Kadayif*
Sieht wie ein Tortenboden aus und ist Grundlage für viele Süßspeisen. Schmeckt besonders lecker mit Sahne.

Gewürzter Strudelteig — *Yassi Kadayif*
Wie Ekmek Kadayif, aber mit schwarzem Kümmel bestreut.

Graupen — *Bulgur*
Geschälter, gewaschener, an der Luft getrockneter und zerkleinerter Weizen.

Netzmagen — *Kuzu Gömlegi*
Mit Fettstreifen durchzogene Haut, die zur Zubereitung von gebackenen und gedünsteten Gerichten verwendet wird, hierdurch bleiben die Speisen zart und sind geschmackvoller.

Pinienkerne — *Dolma Fistigi*
Samen der Pinie, in der türkischen Küche häufig benutzt zum Verfeinern kalter und warmer Gerichte. Reismehlpudding bekommt durch sie einen besonderen Geschmack.

Am häufigsten verwendete Gewürze:

Pfeffer: schwarz oder weiß, möglichst frisch gemahlen.

Paprika: sowohl das milde als auch das scharfe Rosenpaprikapulver.

Cumin: gemahlener Kreuzkümmel.

Sesam: Samen einer Ölpflanze.

Sumach: Steinfrüchte eines Holzgewächses, werden gemahlen verwendet.

Zimt: Rinde der 2—4jährigen Triebe des Zimtbaumes, wird in Stangen oder gemahlen verwendet.

Schwarzkümmel: ungemahlener Kümmel.

Ingwer: Wurzelstock der Ingwerpflanze, wird häufig kandiert als Süßigkeit gegessen oder gemahlen zum Würzen verwendet.

Safran: stark färbendes Gewürz, aus Krokuspflanzen gewonnen.

Knoblauch: Zwiebelgewächs.

Weichselkirschenpulver: pulverisierte Früchte eines kleinen Baumes oder Strauches (Dirlitze).

Knabenkraut: Orchideengewächs, wird pulverisiert in kleinen Mengen zum Würzen benutzt.

Die Kräuter **Rosmarin, Kerbel, Basilikum, Kresse, Pfefferminze, Petersilie, Dill** und **Borretsch** werden frisch oder getrocknet verwendet.

Koriander: Früchte eines Doldengewächses, werden ganz oder gemahlen verwendet.

Vorspeisen kalt und warm

Pürierter Schafkäse

Beyaz Peynir Ezmesi

250 g Schafkäse
6 Knoblauchzehen
1 Bund Dill
4 EL Olivenöl
Saft von ½ Zitrone

Schafkäse in lauwarmem Wasser 2—3 Stunden entsalzen. Knoblauch schälen und im Mörser mit Zitronensaft zerdrücken. Den gewässerten Schafkäse in einer Schüssel zerkleinern, zerdrückten Knoblauch, gehackten Dill, Olivenöl hinzufügen und mit einem Gabelrücken alles zu einem Püree zerdrücken.
Als Garnierung etwas frischen Dill, entkernte schwarze Oliven, 2—3 Scheiben Tomaten verwenden.

Mit einer Küchenmaschine erleichtern Sie sich die Zubereitung wesentlich:
Zuerst Knoblauchzehen, Öl, Zitronensaft verrühren, dann den gewässerten Schafkäse und Dillstengel zufügen, zu einer glatten Masse pürieren und auf einem runden oder ovalen Teller anrichten.
Das Püree hält sich im Kühlschrank auch bis zum nächsten Tag, wenn es an der Oberfläche hart geworden ist, nochmals mit einer Gabel und etwas Olivenöl durchmusen.

Gefüllte Muscheln

Midye Dolmasi

16 große Seemuscheln
100 g Reis
2 Zwiebeln
100 g Olivenöl
30 g Pinienkerne
45 g Korinthen
1 Bund Petersilie
½ TL Salz
½ TL Pfeffer
¼ TL Zimt
2 Blätter Pfefferminze

Die geöffneten Muscheln innen und außen sorgfältig waschen. Darauf achten, daß das Fleisch nicht beschädigt wird. Die kleingehackten Zwiebeln in Olivenöl glasig dünsten, dann Reis, Pinienkerne, Korinthen, die Hälfte der gehackten Petersilie, Salz, Pfeffer, Zimt, die getrocknete, geriebene Pfefferminze zufügen und bei mäßiger Hitze so lange schmoren, bis der Reis leicht goldgelb wird. Dann abkühlen lassen, in die Muscheln füllen, diese mit Garn zubinden und in einem tiefen Topf mit etwas Wasser ½ Stunde auf kleiner Flamme kochen.

Achtung: Während des Kochens muß der Topf möglichst dicht verschlossen bleiben. Vor dem Servieren die Fäden entfernen, mit dem Rest der Petersilie garnieren.

Pürierter Schafkäse mit Peperoni

Biberli Peynir Ezmesi

Die Zubereitung erfolgt wie beim pürierten Schafkäse (S. 14), lediglich

4 Peperoni, entkernt, feingeschnitten
1 TL Paprika
100 g Vollmilchjoghurt

beifügen und abschmecken.

Creme aus Pferdebohnen

Bakla Ezmesi

50 g Haselnußkerne
1 Porreestange
1 Bund Dill
1 Chilischote
½ TL Salz
½ TL weißer Pfeffer aus der Mühle
4—5 EL Olivenöl
⅛ l Vollmilch
250 g Pferdebohnen, gekocht

Alle Zutaten im Mixer cremig rühren und nach Belieben abschmecken.
Diese Creme ist eine exzellente Beilage zu Fisch, Kalbfleisch- oder Geflügelgerichten.

Weißkäsecreme

Haydari

500 g Weißkäse
1 Becher Vollmilchjoghurt
⅛ l Olivenöl
2 TL Salz
2 TL Cayennepfeffer
1 EL getrocknete Pfefferminze
2 Peperoni, nicht zu scharf, in dünnen Ringen

Weißkäse mit Joghurt und Olivenöl glattrühren. Peperoni, Pfefferminze, Salz und Cayennepfeffer unter die Creme mischen und abschmecken.
Die Weißkäsemasse auf einen flachen, ovalen Teller geben und mit dem Messerrücken oder einem Löffelrücken wie einen Fisch modellieren.
Zum Servieren mit schwarzen Oliven, frischem Dill und Radieschen garnieren.
Wenn Sie scharfe Peperoni verwenden sollten, reduzieren Sie die Cayennepfeffermenge.

Wachtelbohnen in Öl

Barbunya Fasulyesi Pilakisi

500 g Wachtelbohnen
2 mittelgroße Möhren
1 kleine Sellerieknolle
1 Kartoffel
2 mittelgroße Zwiebeln
¼ l Olivenöl
Saft von 1 Zitrone
1 Bund Petersilie
½ TL Salz
1 EL Kristallzucker
8 Knoblauchzehen

Die Wachtelbohnen über Nacht einweichen, dann mit den gewürfelten Zwiebeln und den zunächst geviertelten und dann in ca. 1 cm dicke Scheiben geschnittenen Möhren, Kartoffel- und Selleriewürfeln, Olivenöl, Zitrone, Salz und Zucker und feingeschnittenen Knoblauchzehen in einen Topf geben, mit kaltem Wasser bedecken und zum Kochen bringen, bei geschlossenem Deckel auf kleiner Hitze so lange garen, bis das Wasser verdampft ist.
Mit feingehackter Petersilie bestreut servieren.

Tarator mit Sesam

Tahinli Tarator

100 g Walnußkerne, zerkleinert
75 g Sesamöl
Saft von 2 Zitronen
3 Knoblauchzehen
½ Bund Petersilie
½ Bund Dill
Salz
weißer Pfeffer aus der Mühle
Cayennepfeffer

Walnußkerne, Sesamöl, zerdrückten Knoblauch, Salz, Pfeffer und Cayennepfeffer und die gehackten Kräuter gut vermischen. Langsam den Zitronensaft zu der Mischung geben, alles gut verrühren und abschmecken.

Vignabohnen-Creme

Börülce Ezmesi

250 g Vignabohnen, weich gekocht
4 Knoblauchzehen
Saft von 2 Zitronen
50 g gemahlene Haselnußkerne
1 TL Salz
1 TL weißer Pfeffer
¼ TL getrocknete Pfefferminze
½ TL getrockneter Dill
1 TL Cayennepfeffer
⅛ l Olivenöl
1 Bund Petersilie

Die weich gekochten Vignabohnen durch den Fleischwolf in eine Schüssel passieren. Den Knoblauch mit Salz zerstoßen und zusammen mit dem Pfeffer, Pfefferminze, Dill, Cayennepfeffer und Olivenöl zu den Vignabohnen geben und so lange kräftig vermischen, bis eine sämige Creme entsteht.
Zum Servieren mit gehackter Petersilie und Oliven garnieren.

Tarator Mittelmeer-Art

Tarator Akdeniz usulu

100 g Walnußkerne
2 Scheiben altbackenes Weißbrot ohne Rinde
1 kleine Zwiebel
Saft von 2 Zitronen
⅛ l Olivenöl
1 Prise Cumin
1 Prise Salz
1 TL Cayennepfeffer

Die Walnußkerne im Mörser zerstoßen, die Zwiebel schälen und mittels einer Handreibe hobeln. Die Brotscheiben in Wasser einweichen. Den Cayennepfeffer mit dem Olivenöl verrühren.
In einer Schüssel Walnußkerne, Brot, Zwiebel und die Cayennepfeffer-Öl-Mischung mit einem Holzlöffel verrühren und den Zitronensaft und das restliche Öl unter die Masse ziehen. Mit Salz und Cumin abschmecken.
Mit Oliven, Petersilie, Peperoni garnieren.

Kichererbsen-Creme

Humus

200 g Kichererbsen, weich gekocht
100 g Sesambutter
⅛ l Olivenöl
5 Knoblauchzehen
Saft von 2 Zitronen
2 TL Salz
2 TL Cumin
1 TL Sumach
1 Bund Petersilie
1 TL scharfes Paprikapulver

In einer dickwandigen Schüssel die Kichererbsen mit einem Stampfer kräftig zu Brei stampfen. Sesambutter und Zitronensaft abwechselnd unter die Kichererbsen rühren. Die Knoblauchzehen im Mörser mit Salz zerdrücken und zusammen mit Cumin, Olivenöl, Sumach und dem Paprikapulver unter den Brei mischen.
Die Creme auf einen Teller geben, mit einem Messer schön glattstreichen und mit gehackter Petersilie bestreuen.
Wenn die Creme zu fest bleibt, verdünnen Sie diese mit etwas Wasser oder Olivenöl.
Diese kalte Vorspeise ist in den Städten Iskenderon, Adana und Gaziantep sehr beliebt.
Mancherorts serviert man die Kichererbsen-Creme auch mit zerlassener Butter übergossen, in der das Paprikapulver gelöst wurde.
Anstatt die Kichererbsen mit einem Stampfer zu zerkleinern, können Sie sie auch durch einen Fleischwolf drehen. Noch einfacher und schneller geht es, wenn Sie zum Zerkleinern eine Küchenmaschine oder einen Mixer zur Verfügung haben.
Sollten Sie Kichererbsen nicht mögen oder nicht zur Hand haben, können Sie auch weiße Bohnen verwenden.

Fischrogen

Tarama

200 g roter Fischrogen
¼ l Olivenöl
Saft von 1½ Zitronen

Zunächst die Häutchen vom Rogen entfernen und den Rogen dann ca. 2 Stunden lauwarm wässern, damit der Salzgeschmack gemildert wird.
In einer Glasschüssel den Rogen vorsichtig mit einer Gabel cremig rühren, das Öl tropfenweise hinzugeben und mit dem Zitronensaft abschmecken. Es ist sehr wichtig, ganz vorsichtig zu Werke zu gehen, damit sich keine Klümpchen bilden. Wenn möglich, benutzen Sie einen Mörser oder einen Mixer.
Sollte Ihre Creme nicht in etwa die Konsistenz von Mayonnaise haben, können Sie etwas geriebenes Weiß- oder Toastbrot ohne Rinde hinzufügen.
Sie können das Ganze natürlich auch mit einer zerdrückten Knoblauchzehe verfeinern, oder mit weißem Pfeffer aus der Mühle und feingehacktem Dill. Zum Servieren mit schwarzen Oliven — ohne Kern — garnieren.

Fischrogen Schwarzmeerart

Tarama Karabeniz Usuli

200 g roter Fischrogen
¼ l Olivenöl
Saft von 2 Zitronen
1 Zwiebel
1 TL scharfes Paprikapulver

Zuerst die Häutchen entfernen und den Rogen ca. 2 Stunden in lauwarmes Wasser legen.
In einer Glasschüssel den Rogen unter tropfenweiser Zugabe des Olivenöls glattrühren. Vorsichtig Zwiebel, Paprikapulver und Zitronensaft unter die Masse rühren.

Die Konsistenz der Rogencreme kann man nach Belieben mit geriebenem Toastbrot (ohne Rinde) regulieren.

Türkisches Tatar

Çiǵ Köfte/Ceyhan-Art

500 g Hammelhackfleisch (ohne Fett)
250 g Weizenschrot (Grütze)
2 Fleischtomaten
2 Lauchzwiebeln
1 Bund Petersilie
1 TL schwarzer Pfeffer
1 TL scharfes Paprikapulver
1 TL Cumin
½ TL Piment
3 TL Salz

Die Weizengrütze in einem entsprechenden Topf mit warmem Wasser etwa 1 Stunde einweichen, dann unter kaltem Wasser abspülen und fein zerkleinert (Mixer) zusammen mit dem Hammelhackfleisch in eine große Schüssel geben, und so lange mit der Hand kneten, bis die Weizengrütze gut mit dem Hackfleisch vermischt und eßbar weich wird (ca. 10 Minuten).
Dann Lauchzwiebeln putzen, waschen. Die Tomaten schälen und klein schneiden, Lauchzwiebeln in dünne Ringe schneiden und beides in einer Schüssel mit der gut gehackten Petersilie, schwarzem Pfeffer, scharfem Paprikapulver, Salz, Cumin und Piment zusammenkneten und zu der Hammelhackfleisch- und Weizengrützemasse geben. Alles nochmals 5 Minuten kneten, abschmecken.
Die Masse in etwa walnußgroße Stücke teilen und mit in kaltem Wasser angefeuchteten Händen zu Kugeln formen. Die Hände zwischendurch immer wieder anfeuchten, damit die Masse nicht an den Fingern festklebt.
Sollte Ihnen der Geschmack von Hammel- oder Lammhackfleisch nicht zusagen, können Sie selbstverständlich auch Rinderhackfleisch bzw. Beefsteakhackfleisch verwenden.

Eingelegter Thunfisch

Lakerda

Lakerda ist ein in Salzbrühe eingelegter und in Scheiben geschnittener Thunfisch.
Zuerst wird die Haut vom Lakerda mit einem scharfen und spitzen Messer entfernt, dann wird der Fisch unter fließendem kalten Wasser gut gespült, dann auf ein Brett gelegt und in dünne Scheiben geschnitten. Die gewünschte Menge wird auf einem Teller angerichtet und meistens mit roten Zwiebeln serivert.

Türkisches Tatar Gazianteper Art

Çiǵ Köfte Gaziantep usulu

Dieses Tartar wird genauso zubereitet wie »Tartar Ceyhan Art (s. Seite 21). Der einzige Unterschied ist, daß man für Gaziantep keine Tomaten verwendet.

Kohlblätter mit Muscheln gefüllt

Midyeli Lahana Dolmasi

1 Weißkohl
500 g Muschelfleisch
100 g Patnareis
3 mittelgroße Zwiebeln
1/5 l Olivenöl
1 Fleischtomate
1 1/2 TL Salz
1 EL Korinthen
2 EL Pinienkerne
1 EL Zucker
1 TL Piment
1 TL Zimt
1 TL weißer Pfeffer
1 Bund Dill

Den Kohlkopf behandeln, wie im Rezept »Kalte Kohlroulade« (S. 150) beschrieben.

In einer Pfanne gewürfelte Zwiebeln und die Pinienkerne in Olivenöl goldgelb andünsten, das Muschelfleisch hinzufügen, nach etwa 3 Minuten den gewaschenen Reis zufügen und nochmals ca. 1 Minute weiterdünsten, dann Korinthen, Zucker und geschälte und gehackte Tomaten beigeben, mit 1 Glas Wasser angießen und ca. 10 Minuten gar ziehen lassen. Die Pfanne vom Feuer nehmen; Piment, Zimt, Pfeffer und gehackten Dill untermischen und die Masse abkühlen lassen, wie beim Rezept »Kalte Kohlroulade« verfahren und fertigdünsten; mit Zitrone anrichten.

Gebratener Schafkäse

Beyaz Peynir Tavasi

200 g fettarmer Schafkäse
3 Eigelb
150 g Paniermehl
⅛ l Pflanzenöl
1 Prise Salz
1 Prise weißer Pfeffer
1 Prise Cayennepfeffer
1 Stengel Dill
4 Scheiben Zitrone

In einem Teller Eidotter, Salz, Pfeffer und Cayennepfeffer mit einer Gabel verschlagen, auf einen anderen flachen Teller das Paniermehl geben. Den Schafkäse unter kaltem Wasser waschen und in ca. 1 cm dicke Scheiben schneiden. Diese zuerst im Eigelb, dann im Paniermehl wenden und in heißem Öl fritieren. Mit einem Schaumlöffel aus dem Öl herausnehmen und auf Tellern mit Zitronenscheiben und Dill anrichten.

Auberginenpuffer

Patlican Mücver

500 g geschälte Auberginen
100 g Mehl
2 Zwiebeln
5 Eier
100 g geriebener Schafkäse
1 TL Salz
1 TL weißer Pfeffer
1 Bund Petersilie
¼ Tasse Milch
⅕ l Olivenöl

Auberginen und Zwiebeln raspeln und in einer tiefen Schüssel mit Mehl, Eiern, Schafkäse, Salz, Pfeffer, gehackter Petersilie und Milch gut vermengen, so daß eine halbflüssige Masse entsteht.
Das Olivenöl in einer Pfanne erhitzen und jeweils einen Löffel Auberginenmasse hineingeben. Die Puffer von beiden Seiten goldgelb braten.
Sollte der Teig zu fest oder zu flüssig geworden sein, können Sie entweder etwas Wasser oder Mehl zugeben.
Sie können die Puffer ohne Beilage oder mit »Joghurt-Knoblauch-Sauce« (S. 80) servieren.

Gebratene Auberginen

Patlican Kizartmasi

4 kleine Auberginen
¼ l Olivenöl

Die Enden der Auberginen abschneiden. Die Schale in ca. 1 cm dicken Streifen mit 2 cm Abstand der Länge nach abschälen. Dann die Auberginen in 1 cm starke Scheiben schneiden und ½ Stunde in Salzwasser legen, damit sie nicht soviel Öl aufsaugen.
Die Auberginenscheiben aus dem Wasser nehmen und abtropfen lassen, dann im heißen Öl von beiden Seiten goldgelb braten.

Bevor Sie die gebratenen Auberginen servieren, können Sie »Joghurt-Knoblauch-Sauce« (S. 80) oder »Tomatensauce« (S. 78) darübergießen.

Gebratene Zucchini

Kabak Kizartmasi

4 Zucchini
⅛ l Olivenöl
Salz

Die Zucchini mit einem Gemüseschäler schälen oder mit einem scharfen Messer abschaben, in 1 cm dicke Scheiben schneiden und salzen.
Das Öl in der Pfanne erhitzen und die Zucchinischeiben auf beiden Seiten goldgelb braten und auf einem Sieb abtropfen lassen.
Zum Servieren mit »Joghurt-Knoblauch-Sauce« (S. 80) übergießen und mit frischem Dill garnieren.

Gebratene Möhren

Havuc Kizartmasi

6 große Möhren
¼ l Olivenöl
Salz

Die Möhren schälen oder schaben und in einem Topf im Salzwasser zum Kochen bringen. Nicht zu weich kochen, abkühlen lassen und in 1 cm dicke Scheiben schneiden.
Das Öl in einer Pfanne erhitzen und die Möhren rundum braten.
Nach Wunsch mit »Joghurt-Knoblauch-Sauce« (S. 80) servieren.

Blumenkohl im Teigmantel

Karnibahar Tavasi

1 mittelgroßer Blumenkohl
1 Tasse Mehl
2 Eier
¼ TL Salz
¼ TL weißer Pfeffer aus der Mühle
0,2 l Mineralwasser mit Kohlensäure
Saft von 1 Zitrone zum Kochen
1 EL Salz zum Kochen
¼ l Olivenöl zum Ausbacken

Vom Blumenkohl die äußeren Blätter und den Strunk entfernen.
Einen größeren Topf mit Wasser füllen, Zitronensaft und 1 EL Salz hinzufügen. Den Blumenkohl zugedeckt ca. 15—20 Minuten garen, er darf aber nicht auseinanderfallen. Vorsichtig mit einer Schaumkelle aus dem Wasser nehmen und auf einer Platte abkühlen lassen.
Während Sie den Kohlkopf kochen, Mehl, Eier, Salz, weißen Pfeffer und das kohlensäurehaltige Mineralwasser in einem tiefen Teller verrühren. Den gekochten Blumenkohl in etwa eigroße Röschen zerpflücken, in den Teig tauchen und vorsichtig in das heiße Öl geben. Wenn die Röschen an der Oberfläche schwimmen und goldgelb geworden sind, mit einem Schaumlöffel aus dem Fett nehmen und auf einem Teller abtropfen lassen. Mit »Joghurt-Knoblauch-Sauce« (S. 80) oder »Tatarsauce« (S. 76) servieren.

Schnittbohnen im Teigmantel

Aysekadin Fasulyesi Tavasi

500 g Schnittbohnen
1 TL Salz
Saft von 1 Zitrone
¼ l Olivenöl zum Ausbacken

Einen Backteig herstellen, wie bei »Blumenkohl im Teigmantel« (S. 26) beschrieben.
In einem Topf reichlich Wasser mit Salz und Zitronensaft zum Kochen bringen. Vorsichtig die Bohnen hineinlegen und ca. 20 Minuten ohne Deckel auf mittlerer Flamme garen. In der Zwischenzeit den Backteig bereiten. Die gegarten Bohnen aus dem Wasser nehmen und abkühlen lassen. Jede Bohne zuerst in den Teig tauchen und dann im Fritiertopf schön knusprig ausbacken. Abtropfen lassen, auf Teller anrichten und mit »Knoblauch-Joghurt-Sauce« (S. 80) oder Zitronensaft begießen.
Wenn Sie »Knoblauch-Joghurt-Sauce« bevorzugen, wäre es angebracht, etwas gehackte Petersilie oder besser noch gehackten Dill darüberzustreuen.

Auberginen im Teigmantel

Hamurlu Patlican Kızartması

4 Auberginen
¼ l Öl zum Braten

Die Auberginen wie beim Rezept für »Gebratene Auberginen« (S. 24) vorbereiten.
Einen Backteig herstellen, siehe Rezept für »Blumenkohl im Teigmantel« (S. 26), die Auberginen darin wenden und braten oder fritieren.
Auf Wunsch können Sie auf dieselbe Art auch Zucchini oder Möhren zubereiten.

Artischocken mit püriertem Schafkäse gefüllt und im Teigmantel fritiert

Peynirli Enginar Kızartması

12 Artischockenböden
Schafkäse
Knoblauch
Backteig (s. Rezept S. 26)
Öl zum Fritieren

Schafkäse im Mixer mit etwas Wasser pürieren, Knoblauch zufügen und die 12 Artischockenböden damit füllen, diese Böden dann in den Backteig tauchen und in Öl fritieren.
Sie können entweder frische Artischockenböden verwenden oder vorbereitete Artischockenböden aus der Dose nehmen.
Ebenso können Sie auch eine der auf dem Markt befindlichen fertigen Füllungen verwenden. Profis ziehen natürlich die frische Zubereitung vor.

Gedünstetes Dörrfleisch

Pastirma Sahandba

200 g feingeschnittenes Dörrfleisch
2 EL Butter
2 Peperoni, nicht zu scharf
2 Tomaten
1 Stengel Pfefferminze
Saft von 1/4 Zitrone

Zuerst die Peperoni entstielen und entkernen und in ganz feine Ringe schneiden. Tomaten waschen, abtropfen lassen, schälen und in kleine Würfel schneiden.
Die Butter in einer Metallschüssel oder feuerfesten Tonschüssel schmelzen lassen, Peperoni, Tomaten und Dörrfleisch hineingeben und alles miteinander vermengen. Zitronensaft hinzugeben und die Pfefferminzblätter darüber verteilen. Die Schüssel mit einem Deckel verschließen und bei schwacher Hitze ca. 10 Minuten dünsten.

Riesenchampignons gefüllt mit Schafkäse im Teigmantel fritiert

Peynirli Mantavr Kızartması

Die Zubereitung ist dieselbe wie unter »Artischocken mit püriertem Schafkäse gefüllt und im Teigmantel fritiert« (S. 28).
Von ausgesuchten Riesenchampignons die Stiele entfernen, die Pilze waschen und abtropfen lassen, mit dem pürierten Schafkäse füllen, in den Backteig tauchen und in Öl fritieren.

Gedünstete türkische Hartwurst

Sucuk Sahanda

1 Kranz türkische Hartwurst
1 EL Butter
1 Prise Cumin
1 Prise Koriander
¼ Bund Petersilie
1 Peperoni, nicht zu scharf
1 mittelgroße Tomate, geschält
Saft ¼ Zitrone

Die Wursthaut mit einem Messer entfernen und auf dem Holzbrett die Wurst in ca. 3—5 mm dicke Scheiben schneiden. Die Butter in einer Pfanne zerlassen und Wurstscheiben, in Stücke geschnittene Tomate, Cumin, gehackte Petersilie, Zitronensaft, Koriander und in Ringe geschnittene Peperoni hinzufügen und alles kurz umrühren, bei geschlossenem Deckel auf kleinster Flamme ca. 10—15 Minuten dünsten.
Wenn Sie abgehangene Wurst verwenden, legen Sie diese bitte kurz in heißes Wasser, damit sich die Wursthaut leichter entfernen läßt.
Wenn Sie das Wurstgericht pikanter wünschen, können Sie scharfe Peperoni verwenden oder 1 Prise Cayennepfeffer dazugeben.

Krabbenpfanne

Karides Tava

500 g Krabben
2 Porreestangen
50 g Champignons in dünnen Scheiben
¼ TL Salz
¼ TL weißer Pfeffer aus der Mühle
1 Stengel Dill
4 Knoblauchzehen
1 EL Olivenöl
1 EL Butter oder Margarine
½ Zitrone

Das Öl erhitzen, die Butter zufügen und den Knoblauch darin anbraten, Pilze und Porree zufügen und alles dünsten. Die gewaschenen und abgetropften Krabben in die Pfanne geben, salzen, pfeffern und alles miteinander vermengen, kurz dünsten.
Zum Servieren mit Zitronenstücken und Dillzweigen garnieren.

Überbackene Krabben

Domatesli Karides

500 g Krabben
2 Fleischtomaten, geschält, in kleinen Stücken
1 Porreestange, geputzt, in dünnen Ringen
¼ TL Salz
¼ TL weißer Pfeffer aus der Mühle
1 Prise Pfefferminze
¼ Bund Petersilie
1 EL Butter
4 Scheiben Goudakäse, in Streifen geschnitten

Die Krabben waschen und abtropfen lassen. Die Butter in der Pfanne zerlassen und die Krabben zusammen mit dem Porree andünsten, Tomaten hinzufügen, mit Pfeffer,

Pfefferminze und Petersilie würzen und einige Male umrühren. 3 Minuten weiter auf mittlerer Hitze schmoren lassen die Käsestreifen wie ein Gitter über die Krabben legen und unter dem Grill kurz überbacken.

Garnelenspieß

Karides Şis Kebabı

500 g geschälte Garnelen
1 Porreestange, in dünnen Ringen
1 Prise Salz
½ TL weißer Pfeffer
½ Bund Dill
4 Lorbeerblätter
1 EL Essig
1/16 l Olivenöl
Saft von ½ Zitrone
3 Knoblauchzehen, zerstoßen

Die Garnelen waschen und in einer Pfanne mit den Porreeringen, Dill, Salz, Pfeffer, Lorbeerblättern und Olivenöl mit kaltem Wasser bedeckt bei geschlossenem Deckel ca. 7—8 Minuten kochen lassen.
Die Garnelen aus der Brühe nehmen, abkühlen lassen und den Sud aufbewahren.
Die Garnelen mit dem Bauch aufspießen und auf dem Rost von beiden Seiten etwa 5—6 Minuten grillen. Inzwischen ein Dressing herstellen aus Knoblauch, Zitronensaft und etwas Sud. Die Garnelen damit vor dem Servieren begießen.
Wenn Sie die Garnelen in der Bratpfanne grillen, können Sie Bambusspieße benutzen.

Salate und Mixed Pickles

Sultansalat

Sultan Salatası

2 Gurken
1 Bund Petersilie
1 Kopfsalat
1 Bund Lauchzwiebeln
1 grüne Paprikaschote
1 rote Paprikaschote
3 Fleischtomaten
4 Knoblauchzehen
1 Bund Radieschen
1 Bund Dill
1 TL Salz
1 TL weißer Pfeffer
6 EL Olivenöl
2 hartgekochte Eier
12 schwarze Oliven
Saft von 2 Zitronen
1 EL scharfer Senf

In eine Schüssel die Lauchzwiebeln, dünn geschnitten, mit gehacktem Dill, Senf, Zitronensaft, Olivenöl, Salz, Pfeffer, gehobelten Knoblauchzehen geben und gut vermischen.
Den Kopfsalat auseinanderzupfen, die Blätter gründlich waschen und quer in Streifen schneiden. Salatgurke schälen, vierteln und in Scheiben schneiden. Tomaten schälen, halbieren und in Scheiben schneiden. Grüne und rote Paprikaschote vom Stiel und den Kernen befreien, waschen und vierteln, in Streifen schneiden. Radieschen mit dem Messer oben und unten glattschneiden, waschen und vierteln. Petersilie waschen, Stengel entfernen und hacken. Alle Zutaten in einer großen Salatschüssel vorsichtig vermischen. Als Dekoration die geschälten und

geviertelten Eier und Oliven auf den Salat geben und die Sauce vorsichtig darübergießen.

Grüner Salat

Yesil Salata

1 Kopfsalat
1 kleine Zwiebel
¼ Bund Dill oder Petersilie
4 Radieschen
1 kleine Tomate
6 schwarze Oliven
Salz
2 EL Olivenöl
Saft von 1 Zitrone

Zuerst die welken Salatblätter entfernen, in einer großen Schüssel Kopfsalat, Petersilie oder Dill, Radieschen und Tomate gut waschen und abtropfen lassen. Die Salatblätter klein schneiden oder mit der Hand zerpflücken und in eine tiefe Schüssel legen. Auf dem Holzbrett die geschälte Zwiebel in der Mitte durchschneiden und dann quer halbmondförmig in dünne Scheiben schneiden, Petersilie oder Dill fein schneiden, Radieschen in Achtel schneiden und wie eine Sonnenblume in der Mitte dekorieren, als Zentrum eine Olive setzen. In einer anderen kleinen Schüssel Olivenöl, Zitronensaft und Salz mit einer Salatgabel verrühren und das Ganze über den Salat gießen und mit den restlichen Oliven garnieren.
Wenn Sie statt Zwiebel Lauchzwiebel verwenden, wird der Salat geschmackreicher und frischer.

Weißkohlsalat

Beyaz Lahna Salatası

1 kleinen Weißkohlkopf
1 Möhre
1 Stange Porree
3 EL Olivenöl
2 EL Essig
1 TL Salz

Den Weißkohl putzen, waschen und vierteln, die harten Stücke entfernen und mit der Hand hobeln oder, besser, mit der Küchenmaschine in feine Streifen schneiden.
Möhren und Porree putzen, Möhren raspeln und Porree in dünne Scheiben schneiden. In einer großen tiefen Schüssel alle Zutaten mit Öl und Essig mischen und einige Stunden ziehen lassen. Nach Geschmack zum Servieren mit Tomaten, Gurken, Petersilie oder Oliven garnieren.
Weißkohlsalat wird in der Südtürkei mancherorts auch auf folgende Art zubereitet:
Weißkohl wie oben vorbereiten, dann den Saft einer Orange und einer halben Zitrone mit Olivenöl verrühren und über den Kohl gießen, salzen und zum Servieren mit Orangenscheiben und etwas Petersilie garnieren.

Gartenraukensalat

Roka Salatası

1 Gartenrauke
2 Tomaten
4 EL Olivenöl
Saft von 1 Zitrone
¼ TL Salz

Das Bund Gartenrauke putzen, mit kaltem Wasser 4—5 mal gut waschen und auf einem Sieb gut abtropfen lassen. Danach vorsichtig auf einen Teller geben, damit die zarten Blätter nicht beschädigt werden.

Die Tomaten schälen, vierteln, neben die Rauken auf den Teller legen. Olivenöl, Zitronensaft und Salz in einer Schüssel gut verrühren und langsam gleichmäßig über den Salat gießen.
Dieser Salat ist in Istanbul und Umgebung sehr beliebt und eignet sich gut als Beilage zu Fischgerichten.

Endiviensalat

Hinbiba Salatası

1 Kopf Endiviensalat
2 rote Zwiebeln
1 Bund Radieschen
1 Bund Petersilie
1 Tomate
2 gekochte Eier
½ TL Salz
½ TL weißer Pfeffer aus der Mühle
6 EL Olivenöl
2 EL Zitronensaft
12 Oliven

Die Knolle und die äußeren Blätter des Endiviensalats entfernen und die Blätter auf dem Holzbrett quer in feine Streifen schneiden. Den Salat in einem Sieb gründlich unter fließendem kalten Wasser waschen, mit der Hand leicht auspressen und in eine tiefe Schüssel geben.
Die rote Zwiebel schälen, in Streifen schneiden. Die Radieschen putzen, waschen, abtropfen lassen und mit dem Hobel in dünne Scheiben schneiden.
Zwiebel, Radieschen und den feingeschnittenen Endiviensalat vermengen. In einer weiteren Schüssel Olivenöl, Zitronensaft, Salz, Pfeffer und die gehackte Petersilie verrühren, über den Salat gießen und mit der Salatgabel untermischen.
Die Tomate und die gekochten Eier in Schiffchen schneiden, mit den Oliven verzieren und den Salat damit garnieren.

Lattichsalat (Römersalat)

Marul Salatası

1 Kopf Lattichsalat
¼ Bund Dill
1 Stengel Kerbel
¼ Bund Petersilie
¼ Bund Schnittlauch
¼ TL Salz
2 Lauchzwiebeln oder rote Zwiebeln in dünnen Ringen
⅛ l Olivenöl
$\frac{1}{16}$ l Weinessig
1 kleine Tomate
12 schwarze Oliven

Den Salatkopf auseinanderzupfen und in einer großen Siebschüssel unter fließendem kalten Wasser gründlich waschen und abtropfen lassen. In eine Schüssel das Olivenöl und den Essig geben, dann gehackten Dill, Petersilie, Kerbel, Schnittlauch und Lauchzwiebelringe und das Salz untermischen.
Die Salatblätter in ca. 1 cm breite Streifen schneiden und in eine Schüssel geben, die Marinade darübergießen und mit Tomatenscheiben und den schwarzen Oliven garnieren.

Sauerampfersalat

Kuzu Kulagi Salatası

500 g Sauerampfer
4 Knoblauchzehen
2 EL Weinessig
½ TL Salz
schwarzer Pfeffer aus der Mühle
4 EL Olivenöl
1 kleine rote Zwiebel
1 Bund Petersilie

Die zarten, jungen Blätter waschen, abtropfen lassen und in eine tiefe Schüssel geben.
Die Knoblauchzehen in der Knoblauchpresse zerdrükken, die Zwiebel schälen und in feine Streifen schneiden. Zwiebel und Knoblauch mit Salz, Essig und Olivenöl so-

wie der gehackten Petersilie und dem Pfeffer in einem tiefen Teller mischen, abschmecken und über die Sauerampferblätter gießen und alles mit einem Salatlöffel vorsichtig vermengen.
Zur Verfeinerung können Sie Tomaten, Oliven und hartgekochte Eier verwenden.

Weiße-Bohnen-Salat

Riyaz

250 g weiße Bohnen
1 große Zwiebel
3 mittelgroße Tomaten
1 Salatgurke
5 Peperoni
1 Bund Petersilie
15 schwarze Oliven
100 g Olivenöl
$\frac{1}{8}$ l Essig
2 hartgekochte Eier
1 TL Salz
$\frac{1}{2}$ TL Pfeffer

Die weißen Bohnen in einem Topf mit viel Wasser so lange kochen, bis sie völlig gar sind. Besser ist es, wenn die Bohnen über Nacht in warmem Wasser eingeweicht werden, oder man verwendet fertigekochte Bohnen aus Konserven, die es heute überall zu kaufen gibt.
Die gar gekochten und gewaschenen weißen Bohnen in eine große Schüssel geben. Tomaten und Gurke gut waschen, Gurke schälen, und in Würfel schneiden, die Tomaten ebenfalls. Zwiebel schälen und in dünne Streifen schneiden, Peperoni putzen und waschen und in dünne Ringe schneiden. Alles zu den Bohnen geben.
Olivenöl, Salz, Pfeffer und Essig verrühren und über die weißen Bohnen geben und alles mischen. Den Salat auf einem ovalen Teller anrichten und mit einigen halbmondförmig geschnittenen Tomatenscheiben, geschälten und in Schiffchenform geschnittenen Eiern, entkernten Oliven und gehackter Petersilie nach Geschmack garnieren.

Schafkäse-Salat

Peynir Salatası

200 g Schafkäse, 40 % Fett i. Tr.
5 Knoblauchzehen
1 Porreestange
3 EL Olivenöl
1 Stengel Dill
¼ TL Salz
1 Prise weißer Pfeffer aus der Mühle
2 Tomaten

Den Schafkäse und die Tomaten waschen und in ca. 0,5 cm dicke Scheiben schneiden. Abwechselnd in eine flache Schüssel schichten oder auf einem Salatteller anrichten. In einer anderen Schüssel geputzten und in dünne Ringe geschnittenen, abgetropften Porree, Oliven, gehackten Dill, Salz und Pfeffer vermischen und über dem Schafkäse verteilen.
Mit Kresse, Oliven oder einigen Radieschen garnieren.

Paprikasalat

Biber Salatası

8 Peperoni, nicht zu scharf
4 Paprikaschoten
½ TL Salz
4 EL Olivenöl
2 EL Essig
¼ Bund Petersilie

Die Peperoni und Paprikaschoten auf dem Grill rösten, die Haut entfernen und auf einem Teller nebeneinander legen.
Salz, Olivenöl, Essig und gehackte Petersilie miteinander verrühren und über die Paprikaschoten und Peperoni gießen.
Sie können gegrillte Paprikaschoten auch mit einer »Joghurt-Knoblauch-Sauce« (S. 80) servieren.

Topinambursalat

Yer Elması Salatası

Dieses Gemüse wird oft unter der Bezeichnung »Erdbirnen« oder »Jerusalemer Artischocken« auf dem Markt angeboten.
Er ist leicht bekömmlich und wohlschmeckend. Dieses Gericht wird besonders im Sommer gern zubereitet, da es sehr erfrischend ist.

500 g Topinambur
2 Porreestangen
Saft von 1 Zitrone
1 Peperoni, nicht zu scharf
1 TL Salz
½ TL weißer Pfeffer aus der Mühle
1 Prise Cayennepfeffer
1 Stengel Kerbel
2 Stengel Petersilie
½ Kästchen Kresse
15 schwarze Oliven
3 EL Olivenöl

Die Topinambur in einem Sieb unter fließendem Wasser waschen, in einen Topf geben, mit kaltem Wasser bedeckt, zum Kochen bringen und ca. 15 Minuten garen, dann abkühlen und schälen.
Die Porreestangen gründlich waschen und in dünne Streifen schneiden. Peperoni entstielen, entkernen und in dünne Ringe schneiden. In einer Schüssel das Olivenöl mit Salz, Pfeffer, Cayennepfeffer und dem Zitronensaft glattrühren. Die geschälten Topinambur in kleine Stücke schneiden, in eine Schüssel geben und mit Porree, Peperoni, Kerbel und der Petersilie vermengen.
Die Kresseblätter mit einem scharfen Messer abschneiden, unter kaltem Wasser waschen, abtropfen lassen und zusammen mit den Oliven den Salat damit garnieren. Vorsichtig die Marinade darübergießen und 5 Minuten ziehen lassen.

Auberginensalat

Patlican Salatası

5 Auberginen, mittelgroß
3 EL Olivenöl
Saft von 2 Zitronen
2 in Stücke geschnittene Tomaten
1 feingewürfelte Zitrone
6 schwarze Oliven, ohne Kern
3 Knoblauchzehen
3 Peperoni
1 Bund Petersilie

Zuerst die Auberginen auf dem Grill von allen Seiten garen. Am Stiel festhalten und mit einem kleinen scharfen Messer der Länge nach von oben bis unten schälen und in eine Schüssel mit kaltem Wasser legen. Dann die Auberginen mit der Hand ausdrücken, soweit wie irgend möglich das Wasser herauspressen und die Auberginen auf einem Holzbrett quer in dünne Scheiben schneiden, in eine Schüssel geben, danach Olivenöl, Zitronensaft, gewürfelte Tomaten und Zwiebeln, geraspelte Knoblauchzehen und feingeschnittene Peperoni zufügen und alles gut verrühren. Einige Tomatenscheiben, gehackte Petersilie und die schwarzen Oliven auf dem Salat als Dekoration anrichten.
Wenn Sie keinen Grill (elektrisch oder Holzkohle) haben, können Sie die Auberginen selbstverständlich auch im Backofen oder in der Friteuse garen. Wenn Sie eine Friteuse oder eine tiefe Pfanne benutzen, so stechen Sie die Auberginen zunächst rundherum mehrmals ein, damit die Schale nicht platzt und das Olivenöl nach allen Seiten spritzt. Die gegarten Auberginen dürfen nicht mit Metallgeschirr in Berührung kommen, weil sie sich sonst schwarz verfärben.

Auberginensalat mit Joghurt

Patlican Salatası Yogurtlu

4 Auberginen
100 g Olivenöl
250 g Joghurt
1½ TL Salz
6 Peperoni
8 Knoblauchzehen
Saft von ½ Zitrone
½ Bund Dill

Auberginen und Peperoni wie im »Auberginensalat« (S. 40) beschrieben im Ofen, auf dem Grill in der Friteuse braten und dann schälen. In dünne Scheiben schneiden und mit 250 g Joghurt, dem zerdrückten Knoblauch, Salz, Olivenöl und Zitronensaft mischen und mit Dillzweigen garnieren.

Auberginensalat mit Sesamöl

Tahinli Patlican Salatası

4 Auberginen
8 EL Sesamöl
Saft von 2 Zitronen
4 Peperoni
½ Bund Petersilie
1 TL Salz
1 Prise Cayennepfeffer
1 Prise Cumin

Auberginen wie bei »Auberginensalat« (S. 40) beschrieben behandeln. Sesamöl und Zitronensaft mit einer Gabel verrühren, wenn das Sesamöl fest bleibt, etwas Wasser hinzugeben und nochmals verrühren. Die Peperoni waschen und abtropfen lassen, den Stiel und die Kerne entfernen und mit dem Messer in dünne Scheiben schneiden. Mit Salz und dem Sesamöl-Zitronensaftbrei gut vermischen und zu den Auberginen geben. Alles gut miteinander vermischen. Auf einem flachen Teller anrichten und mit Cayennepfeffer und Cumin bestreuen. Zum Schluß mit gehackter Petersilie garnieren.

Tomatensalat

Domates Salatası

500 g Fleischtomaten
1 mittelgroße Zwiebel
2 Peperoni
2 Stengel Pfefferminze
2 EL Olivenöl
2 EL Zitronensaft
1 TL Salz
½ TL gemahlener weißer Pfeffer

Die Tomaten waschen, abtropfen lassen und schälen. In kleine Stücke schneiden und in eine nicht zu große Schüssel geben. Die Zwiebel halbmondförmig schneiden und in einer anderen Schüssel mit Salz kneten, mit kaltem Wasser waschen, in der Hand auspressen und zu den Tomaten geben. Bei den Peperoni Stiel und Kerne entfernen, in ½ cm dicke Scheiben auf dem Holzbrett oder der Arbeitsplatte quer schneiden und mit Öl, Zitronensaft, Salz, Pfeffer und Pfefferminzblättern vermischen und zu den Tomaten in die Schüssel geben. Alles vorsichtig vermengen.

Tomatensalat Mittelmeerart

Domates Salatası Akdenizusulı

4 Fleischtomaten
4 EL Olivenöl
2 EL Essig
Lauch einer Knoblauchzwiebel
Lauch von zwei Zwiebeln
1 TL Salz
½ TL Pfeffer
½ Kästchen Kresse
1 Stengel Pfefferminze
2 Stengel Dill

Die Tomaten und die Lauchsorten waschen, Tomaten schälen, Schiffchen schneiden, Lauch in feine Ringe schneiden und beides vermischen. In einer anderen Schüssel das Dressing vorbereiten (Öl, Essig, Salz, Pfeffer, Kresse, Pfefferminzblätter und Dill), mit einem Salatlöffel verrühren, abschmecken und über die Tomaten-Lauch-Mischung gießen. Vorsichtig miteinander vermischen.

Kartoffelsalat

Patates Salatası

500 g Kartoffeln
1 Zwiebel
½ Bund Petersilie
Saft von 1 Zitrone
1 TL Salz
½ TL gemahlener weißer Pfeffer
1 Prise Cayennepfeffer
3 EL Öl
10 schwarze Oliven

Die Kartoffeln waschen und in Wasser nicht ganz weich kochen. Kalt abschrecken, schälen und in kleine Stücke schneiden, Zwiebel schälen und die harte Stelle am Stiel abschneiden, in der Mitte teilen und jede Hälfte quer in Streifen schneiden und mit den geschnittenen Kartoffeln vermischen. Die gewaschene Petersilie gut zerkleinern, und zusammen mit Zitronensaft, Salz, Pfeffer, Cayennepfeffer und Öl in einer Schüssel kurz verrühren und über die Kartoffeln und Zwiebelstreifen geben. Einige Male mit einer Gabel gut vermischen.
Anstatt Zwiebel können Sie auch Lauch verwenden, und Essig anstatt Zitronensaft nehmen.
Zum Servieren die schwarzen Oliven auf dem Salat dekorieren.

Pürierter Kartoffelsalat

Patates Salatası başka usul

500 g Kartoffeln
½ Bund Petersilie
10 schwarze Oliven
3 EL Olivenöl
Saft von 2 Zitronen
1 Ei
1 TL Salz
1 TL Pfeffer
1 Möhre
1 Zwiebel

Kartoffeln waschen und in einem Topf mit kaltem Wasser auf den Herd setzen und weich kochen. Die Kartoffeln abschrecken und dann schälen. Die Möhre putzen und in Wasser weich kochen, abkühlen lassen. Gekochte Kartoffeln in einer tiefen Schüssel mit einer Gabel zerdrükken, die gewaschene, sehr feingehackte Petersilie, Öl, Ei, Salz und Pfeffer in die Schüssel geben und weiter gut zerdrücken, bis alle Zutaten gut vermischt sind, auch die geraspelte Zwiebel und den Zitronensaft unter die Masse drücken.

Die Kartoffelteig zu einer Halbkugel formen und auf einem großen Teller anrichten, die Oliven um den Rand herumlegen und eine Olive obendrauf setzen. Die gekochte Möhre in ½ cm dicke Scheiben schneiden und zwischen die Oliven dekorieren.

Man kann auch Lauchzwiebeln zur Dekoration verwenden, diese müssen dann aber sehr fein geschnitten sein, am besten in der Küchenmaschine. Man kann den Salat auch noch mit einem weiteren Ei verfeinern.

Thunfisch-Salat

Ton Baligi Salatası

1 Dose Thunfisch (500 g)
1 Gurke
3 Tomaten
3 hartgekochte Eier
1 mittelgroße Zwiebel
1 grüne Paprikaschote
½ Bund Petersilie
½ Bund Dill
1 TL Salz
1 TL weißer Pfeffer
4 EL Olivenöl
Saft von 2 Zitronen
20 schwarze Oliven

Die Tomaten, Gurke, Paprikaschote, Petersilie und Dill in einer großen Schüssel mit Siebeinsatz waschen und abtropfen lassen. Die Thunfischdose öffnen und das Öl weggießen und den Fisch in eine mittelgroße tiefe Salatschüssel geben.
Zwiebel schälen, in Streifen und die Gurke vierteln und in Scheiben schneiden. Paprikaschote entstielen, Samen entfernen und in feine Streifen schneiden. Petersilie und Dill hacken, Tomaten und Eier sechsteln.
Zwiebel- und Paprikastreifen, Gurkenscheiben und gehackte Petersilie unter den Thunfisch mischen und alles auf einen Salatteller geben.
In einer Schüssel Olivenöl, Zitronensaft, Salz, Pfeffer und gehackten Dill verrühren.
Den Salatteller mit Eiern, Tomaten und den schwarzen Oliven garnieren. Das Dressing kreisförmig darüber gießen.
Zur Verfeinerung können Sie anstatt Zwiebel auch rote Zwiebel verwenden oder noch besser Lauchzwiebel. Eine weitere Variante ist es, wenn Sie statt grüner Paprikaschote Ringe von Peperoni an den Salat geben.

Hirtensalat

Çoban Salatası

4 Tomaten
2 mittelgroße Zwiebeln
1 Salatgurke
½ Bund Petersilie
1 Prise Salz
1 Prise Pfeffer
Saft einer Zitrone oder
1 EL Essig
2 EL Olivenöl

Tomaten und Gurke waschen, Zwiebeln schälen. Tomaten in Stücke schneiden, Gurken vierteln und quer in 1 cm dicke Stücke schneiden. Die Zwiebeln halbieren und quer dünn schneiden. Alles in eine Schüssel geben und mit der kleingehackten Petersilie, Salz und Pfeffer mischen. Den Zitronensaft oder Essig und das Olivenöl darübergießen und mit einem Salatlöffel gut umrühren.
Nach Belieben läßt sich der Hirtensalat auch mit Schafkäse, Oliven, in feine Scheiben geschnittenen Peperoni oder Paprikaschoten anreichern.
Anstelle der Petersilie kann man auch frische Pfefferminzblätter verwenden.

Frühlingssalat

Bahar Salatası

1 Bund Lauchzwiebeln
1 Bund Knoblauchlauch
1 Kopfsalat
1 Bund Radieschen
½ Bund Pfefferminze
100 g Olivenöl
Saft von 1 Zitrone
½ TL Pfeffer

Zwiebel- und Knoblauchlauch, Kopfsalat und Radieschen putzen und in kaltem Wasser vorsichtig waschen, damit keine Erdreste haften bleiben. Kopfsalatblätter mit der Hand zerpflücken, Radieschen und Lauch in Scheiben schneiden, mit den Pfefferminzblättern, Olivenöl, dem

Saft der Zitrone, Salz und Pfeffer gut mischen und auf einem Teller anrichten.

Thunfisch-Salat auf andere Art

Ton Balığı salatası (başka usul)

4 große Zwiebeln
100 g Thunfisch naturell (aus der Dose)
16 grüne Oliven, ohne Kern
½ Bund Petersilie
¼ Bund Dill
Saft von 2 Zitronen
4 EL Olivenöl
1 TL Salz
½ TL Pfeffer
2 hartgekochte Eier
1 Tomate

Die Zwiebeln schälen, mit kaltem Wasser in einem Kochtopf ca. 10 Minuten garen. Achten Sie bitte darauf, daß die Zwiebeln nicht weich werden, sie dürfen aber auch nicht mehr hart sein. Die gegarten Zwiebeln abkühlen lassen und mit einem scharfen Küchenmesser ca. 2 cm tief aushöhlen und durchschneiden.
In einem tiefen Teller das aus den Zwiebeln ausgehöhlte Fleisch und den Thunfisch mit in Scheiben geschnittenen grünen Oliven, dem Saft von 2 Zitronen, 4 EL Olivenöl, Salz und Pfeffer gut mischen und mit einem Eßlöffel in die ausgehöhlten Zwiebeln füllen. Eier und die Tomaten in Schiffchen schneiden und auf den mit Thunfisch gefüllten Zwiebeln dekorieren.

Salat aus getrockneten Makrelen

Çiroz Salatası

10 getrocknete Makrelen
1 Tasse Essig (Ölcecegun)
50 g Olivenöl
1 Bund frischen Dill

Die getrockneten Makrelen grillen, bis sie anfangen schwarz zu werden, dann die Köpfe abbrechen und die Makrelen unter fließendes kaltes Wasser halten, bis Haut und schwarze Stellen entfernt sind.
Die Makrelen in ein sauberes Tuch einschlagen und mit einem Stampfer kräftig klopfen. Man klopft auf den Rükken, damit die Gräten entfernt werden können. Nun die Makrelenfilets ca. 1 Stunde in Essig legen. Die Makrelenfilets in kleine Stücke zerpflücken und auf einen Salatteller geben, Olivenöl und den gehackten Dill darüber geben.
Ciroz wird in erster Linie in der Marmararegion verzehrt. Besonders in dem kleinen Fischerdorf Darica wird Ciroz so zubereitet.

Gurken in Knoblauch-Joghurt

Cacik

500 g Joghurt oder Dickmilch
4 Knoblauchzehen
2 Gurken
1 TL Salz
1 Bund Dill
2 EL Olivenöl
1 EL Essig

Joghurt oder Dickmilch mit etwas Wasser glattrühren. Wenn Sie Dickmilch verwenden, ist das Wasser meistens nicht erforderlich. Die Knoblauchzehen im Mörser zerstoßen und mit dem Essig vermischen. Die Gurken schälen und raspeln oder ganz fein würfeln, salzen und mit dem Knoblauch und dem feingehackten Dill unter den

Joghurt mischen und nochmals abschmecken. Zum Servieren mit etwas Olivenöl beträufeln.

Lattichsalatherzen in Knoblauch-Joghurt

Marullu Cacik

500 g Joghurt
1 Lattichsalatherz
4 Knoblauchzehen
1 TL Salz
2 TL Olivenöl
1 Bund frischer Dill
1 Tasse kaltes Wasser

Die Zubereitung erfolgt wie bei Cacik (S. 48). Anstatt Gurke verwenden Sie jedoch gewaschenen und abgetropften, in feine Streifen geschnittenen Lattich.

Peperoni mit Joghurt

Biberli Cacik

500 g Joghurt
250 g Peperoni, nicht zu scharf
4 Knoblauchzehen
1 TL Salz
3 TL Olivenöl
1 Bund Dill
1 EL Essig
1 Tasse Wasser

Die Peperoni auf dem Grill von beiden Seiten rösten, die Stiele, Kerne und Haut entfernen. Dann unter kaltem Wasser waschen, abtropfen lassen und in dünne Ringe schneiden.
Joghurt, zerstoßene Knoblauchzehen, Salz, Essig und Wasser verrühren und die Peperoni untermischen.
Zum Servieren gehackten frischen Dill in Olivenöl über die Peperoni geben.

Hirnsalat

Beyinsalatası

4 Hammelhirne
1 Zwiebel, in Scheiben
1 EL Salz
⅛ l Essig
1 l Wasser
2 frische Tomaten, geschält, in Scheiben
1 kleiner Kopfsalat
10 schwarze Oliven
Saft von 1 Zitrone
50 g Olivenöl
½ Bund Petersilie
1 Prise gemahlener weißer Pfeffer

Die Hirne unter fließendem kalten Wasser gut waschen und die Häutchen (Membrane) entfernen.
Wasser mit Essig und etwas Salz zum Kochen bringen und die Hirne in kochendem Wasser 10 Minuten garen, dann ca. 30 Minuten im Topf ruhen lassen. Die Hirne aus dem Topf nehmen und in Scheiben schneiden, auf einer großen, mit Salatblättern ausgelegten Platte schuppenförmig anordnen, hierüber Zwiebel, Tomaten und Oliven geben, mit Salz und Pfeffer bestreuen und mit dem Olivenöl und Zitronensaft begießen. Die gehackte Petersilie über den Salat streuen.
Wenn Sie kein Hammel-Hirn mögen, können Sie auch Kalbs- oder Rinderhirn verwenden.

Rote-Bete-Mixed-Pickles

Pancar Tursusu

1 kg rote Bete
5 Knoblauchzehen
¼ l Essig
1 TL Salz

Die rote Bete waschen und mit kaltem Wasser zusetzen und weich kochen, abkühlen lassen, schälen, in kleine Stücke schneiden und in ein Glas geben.

Knoblauchzehen zerdrücken, mit Salz und Essig mischen und gut verrühren. Diese Mischung in das Glas füllen, bis die roten Bete gut 1 cm bedeckt sind, und das Glas verschlossen etwa 7—8 Tage ruhen lassen.
Sie können auch fertig eingemachte rote Bete verwenden, müssen dann aber der Flüssigkeit noch etwas Essig und zerdrückte Knoblauchzehen beifügen.

Weißkohl-Mixed-Pickles

Lahana Tursusu

1 mittelgroßer Weißkohl	*1 l Essig*
10 Knoblauchzehen	*1 EL Salz*

Die äußeren Kohlblätter entfernen und den Kopf vierteln, die Strünke herausschneiden und den Kohl in Streifen schneiden.
Die Knoblauchzehen im Mörser mit Salz zerstoßen und mit dem Essig vermischen.
Die Kohlstreifen in ein Glas geben und mit der Essig-Knoblauch-Salz-Mischung begießen. Mit kaltem Wasser die Flüssigkeit auffüllen, bis der Kohl bedeckt ist. Mit einem Holzbrett bedecken und mit einem Gewicht beschweren. An einem kühlen Ort etwa 10 Tage stehenlassen.
Sie können den Kohl auch erst in Salzwasser ankochen und dann wie beschrieben weiter behandeln.
Nach dieser Methode können Sie auch Mixed Pickles aus anderem Gemüse zubereiten, z. B. Gurken, Möhren, Schnittbohnen, Auberginen oder Peperoni.

Weizengrütze-Salat

Kısır

200 g Weizengrütze, angekocht
2 mittelgroße Zwiebeln
1/8 l Olivenöl
10 g Pinienkerne
1 TL Salz
1 TL schwarzer Pfeffer
1 Prise Cumin
1 Prise Tymian
1 Prise Pfefferminze
1 EL Paprikamark
1 Bund Petersilie
1 Bund Dill
2 Lauchzwiebeln
2 Tomaten
2 Peperoni, scharf
Saft von 1 1/2 Zitronen

Die Zwiebeln schälen, würfeln, Öl in der Pfanne erhitzen und die Zwiebeln darin glasig dünsten. Dann die Pinienkerne und die gekochte Weizengrütze dazugeben. Unter ständigem Rühren mit Salz, Pfeffer, Cumin, Thymian, Pfefferminze und Paprikamark würzen, noch 2 Minuten ziehen lassen und zum Abkühlen beiseite stellen.
Die Lauchzwiebeln putzen und mit Tomaten, Petersilie, Dill, Peperoni in einem Sieb unter kaltem Wasser waschen und abtropfen lassen.
Auf einem Küchenbrett die Zwiebeln in Ringe schneiden. Die Tomaten schälen und in kleine Stücke schneiden. Die Peperoni entstielen und entkernen und in dünne Ringe schneiden. Petersilie und Dill entstengeln und fein wiegen.
Die Weizengrütze in eine große tiefe Schüssel geben und mit Lauchzwiebeln, Tomaten, Peperoni, Zitronensaft, Olivenöl und der Hälfte des Dills und der Petersilie vermischen und abschmecken. Die Weizengrütze auf einen Teller geben und die restlichen Kräuter darüberstreuen.

Suppen

Fassonnudel-Suppe

Arpa Şehriye Çorbası

250 g Fassonnudeln (reisförmige Nudeln)
150 g türkisches Dörrfleisch in Scheiben (türkischer Schinken)
100 g gekochte Vignabohnen
1 Paprikaschote, in Streifen geschnitten
1 Stengel Sellerie
1 große Möhre geputzt, gewürfelt
2 Kartoffeln, geschält, gewürfelt
2 Tomaten, enthäutet, in kleinen Stücken
2 Zwiebeln, mittelgroß, in Würfeln
1 EL Tomatenmark
2 EL Butter
½ Bund Petersilie
1 kleiner Zweig frischer Thymian
1 Prise Paprika
1 TL Salz
¾ l entfettete Fleischbrühe
100 g geraspelter Hartkäse

In einem Kochtopf die Butter schmelzen lassen und Zwiebeln, Paprikaschote, Kartoffeln und Möhre goldgelb braten. Die Dörrfleischscheiben, Tomaten, Tomatenmark und die Nudeln zufügen, kurz umrühren, mit der Fleischbrühe ablöschen und zum Kochen bringen. Mit Sellerieblättern, Thymian, Salz und Paprika abschmecken und die Vignabohnen hinzugeben. Auf mittlerer Hitze ca. 15 Minuten garen. Bevor Sie den Topf vom Herd nehmen, gehackte Petersilie und zum Servieren geraspelten Hartkäse auf die Suppe streuen.

Hochzeitssuppe

Dügün Çorbası

½ Hammelnacken
200 g Hammelrücken
200 g Mehl
1 TL Salz
3 Eidotter
1 EL Butter
1 TL Paprika
Saft von 1 Zitrone
1 Zwiebel

Nacken- und Rückenfleisch mit Mehl und einer Tasse der Brühe vermengen und zum Nacken in den Kochtopf zurücktun. Achtung: Das Mehl darf auf keinen Fall klumpen. Eine Weile kochen lassen und die kleingeschnittene Zwiebel beigeben. Gleichzeitig werden in einer Schüssel die Eidotter mit Zitronensaft vermischt und unter langsamem Umrühren mit Salz in den Kochtopf gegeben. Etwa 5 Minuten auf kleiner Flamme ziehen lassen. Kurz vor dem Servieren den TL Paprika mit der Butter in einer kleinen Pfanne schmelzen und vorsichtig über die Suppe gießen. Diese festliche Suppe, ein Ergebnis jahrhundertealter bäuerlicher Feinschmeckerkultur, bedarf etwas Vorarbeit. Denn außer dem Hammelnacken müssen Sie 200 g Wirbelsäule kaufen und das Restfleisch zwischen den Knochen herauskratzen. Dieses Fleisch ist besonders zart.

Reissuppe

Pirinç Çorbası

150 g Reis
1 EL Butter
1 Fleischtomate
0,8 l Fleisch- oder Geflügelbrühe
Saft von 1 Zitrone
1 TL Salz
1 Bund Petersilie

Butter im Topf erhitzen, geschälte kleingeschnittene Tomaten mit Salz kurz schmoren, dann mit der Fleischbrühe auffüllen und kochen lassen. Den Reis verlesen, waschen, abtropfen lassen und vorsichtig in die Brühe schütten. Ca. weitere 15 Minuten garen und zum Servieren mit feingehackter Petersilie bestreuen. Nach Wunsch mit Zitronensaft abschmecken.

Anmerkung: Sollten Sie keine Tomaten zur Hand haben, können Sie diese durch 2 EL Tomatenmark ersetzen. Noch geschmackvoller wird die Suppe, wenn Sie 1 mittelgroße Paprikaschote in Scheiben, besser noch 2 oder 3 Peperoni (nicht zu scharf) in die Suppe geben.

Legierte Reissuppe

Terbiyeli Pirinç Çorbası

150 g Reis
1 EL Butter
1 Fleischtomate
0,8 l Hühnerbrühe
Saft von 2 Zitronen
1 TL Salz
½ TL weißer Pfeffer
4 Eidotter
1 EL Mehl
1 Bund Petersilie

Zubereitung wie Reissuppe (s. Seite 54). Zum Schluß Mehl, Zitronensaft, Eidotter und den weißen Pfeffer mit etwas Wasser in einer Schüssel mit dem Schneebesen vermischen und unter ständigem Rühren an die Suppe geben.

Gemüsesuppe mit Hackklößchen

Köfteli Sebze Çorbası

400 g Rinderhack
1 große Zwiebel
1 TL Salz
1 Bund Petersilie
1 TL schwarzer Pfeffer
1 Prise Thymian
1 Prise Koriander
2 Tomaten
1 Zucchina
200 g grüne Bohnen
200 g frische Erbsen
1 mittelgroße Möhre
1 Kartoffel
1 Stange Porree
1/8 Sellerie
1 l Wasser
2 Eier
2 EL Margarine
2 EL Mehl
3 EL Olivenöl
1/2 Bund Dill

Zuerst das Hackfleisch mit den geraspelten Zwiebeln, 1/2 TL Salz, 1/2 TL schwarzem Pfeffer, je einer Prise Thymian und Koriander und gehackter Petersilie in einer Schüssel durchkneten und kleine Bällchen formen. Olivenöl in einer Pfanne erhitzen und die Fleischbällchen darin braten. Die Pfanne vom Herd nehmen und beiseite stellen.

Das Gemüse (grüne Bohnen, Erbsen, Möhre, Sellerie, Kartoffel, Zucchina und Tomaten) gut waschen, putzen und nochmals gründlich waschen. Die Zucchina vierteln und quer in 0,5 cm dicke, Möhre in feine Scheiben, Kartoffel und Sellerie in kleine Würfel, Porree in Ringe schneiden. Die grünen Bohnen in der Mitte mit der Hand brechen.

In einer Kasserolle die Margarine erhitzen, zuerst Kartoffel, Möhre, Sellerie und dann die Bohnen, Erbsen, Porree, Zucchina und geschälte Tomaten mit dem restlichen Salz und Pfeffer kurz anschmoren und mit einem Holzlöffel vorsichtig umrühren. Wasser aufgießen und auf großer Flamme zum Kochen bringen. Die gebratenen Hackbällchen aus der Pfanne hinzugeben und das Gan-

ze ca. 20 Minuten bei geschlossenem Deckel auf mittlerer Hitze garen lassen.
In einer anderen Schüssel Eier, Mehl und den gut gehackten Dill mit einer Kelle Brühe aus dem Topf gut verquirlen und unter ständigem Umrühren langsam zu der Suppe gießen.

Tarhana-Herstellung

Tarhana Yapmak

1 kg Mehl
500 g Joghurt
250 g Hefe
¼ l Tomatensaft
1 EL Paprika
1 EL Paprika, scharf
2 EL Salz
1 TL schwarzer Kümmel, gemahlen

Auf einem breiten Holzbrett oder einer Marmorplatte das Mehl anhäufeln, mit der Hand eine Vertiefung machen und Joghurt, Hefe, Tomatensaft, Paprika, Salz und gemahlenen Kümmel hineingeben und alles ganz langsam und vorsichtig zusammenmischen. Den Teig gut kneten, in eine Schüssel geben und ein sauberes, feuchtes Küchtentuch darüberdecken. Eine Nacht lang ruhen lassen. Am nächsten Tag den Teig wieder aus der Schüssel nehmen und auf das Holzbrett legen. Kleine Teigstückchen abbrechen und auf sauberen Tüchern in der Sonne trocknen, dann mit der Hand zerkrümeln und durch ein Sieb in einen kleinen Sack rieseln lassen. Bei Bedarf dann die gewünschte Menge aus dem Sack nehmen.

Tarhana auf andere Art

Başka usul Tarhana Yapmak

Die Zubereitung ist genau dieselbe wie auf Seite 57 beschrieben, lediglich die Zutaten variieren etwas:

1 kg Mehl
200 g Grieß
500 g Joghurt
500 g Tomaten
100 g scharfe Peperoni
200 g Zwiebeln
2 EL Butter
1 EL Salz
1½ l Fleischbrühe

Geschälte und feingeschnittene Zwiebeln im Topf mit Butter andünsten, Peperoni vom Stiel befreien, in Ringe schneiden und zusammen mit den geschälten Tomaten zu den Zwiebeln geben, weiter schmoren lassen, dann mit Fleischbrühe auffüllen und so lange kochen, bis die Flüssigkeit verdunstet ist. Danach die Masse mit Mehl, Grieß und Joghurt vermischen und gut kneten. Den Teig eine Nacht lang ruhen lassen, am nächsten Tag in kleine Stücke zerteilen und diese an der Sonne trocknen lassen.

Tarhana-Suppe

Tarhana Çorbası

250 g Tarhana
4 EL Butter oder Margarine
1 EL Tomatenmark
1 l warmes Wasser
1½ TL Salz
1½ TL schwarzer Pfeffer
1 EL Paprikapulver, scharf
4 Scheiben Toastbrot

In einem Topf die Butter zerlassen, Tarhana einstreuen und mit einem Holzlöffelrücken gut untermischen, leicht anbräunen lassen und das Tomatenmark hinzufügen. Ständig weiter umrühren und dabei ganz langsam das warme Wasser angießen. Während Sie weiter gleichmäßig rühren, die Suppe zum Kochen bringen. Salzen und pfeffern und die Suppe etwa 10 Minuten auf mittlerer Hitze garen lassen. Die Toastbrotscheiben in Würfel schneiden und mit 1 EL Butter in einer Pfanne rösten.
Die gerösteten Brotwürfel auf Suppentassen oder -teller verteilen und die Suppe darüber geben. Beim Servieren das Paprikapulver auf die Suppe streuen.
Einen besonderen Geschmack erhält die Suppe, wenn Sie das Paprikapulver in zerlassene Butter einstreuen und die Mischung erhitzen. Das Paprikafett aus der Pfanne spiralförmig über die Suppe in den Tellern oder Tassen gießen und darüber geraspelten türkischen Hartkäse streuen.
Möchten Sie die Suppe etwas kräftiger im Geschmack haben, verwenden Sie anstatt Wasser Fleischbrühe oder Brühwürfel.
In vielen Orten bereitet man diese Suppe auch mit Fleischwürfeln oder verwendet bei der Zubereitung Hackfleisch. Dann streut man aber nicht auch noch türkischen Hartkäse darüber.

Kuttelflecksuppe

İşkembe Çorbası

1 kg Hammelkutteln
3 l Wasser
4 TL Butter
3 EL Mehl
Saft von 2 Zitronen
oder 6 EL Essig
3 Eidotter
1 TL Cayennepfeffer
6 Knoblauchzehen

Zuerst die Kutteln unter kaltem Wasser mehrmals gut waschen, mit 3 l Wasser unbedeckt zum Kochen bringen und mit der Kelle abschäumen. 10 Minuten kochen lassen. Dann die Kutteln mit der Grillgabel oder der Kelle aus dem Wasser nehmen und auf einem Holzbrett oder der Arbeitsplatte abkühlen lassen. Die Brühe durch ein Leinentuch oder ein feines Haarsieb in einen anderen Topf gießen.

Die abgekühlten Kutteln mit einem scharfen Küchenmesser schön abschaben und gründlich waschen, dann in gewünschte Streifenstärke schneiden und in die Brühe zurückgeben. Bei mittlerer Hitze ca. 2 Stunden mit geschlossenem Deckel kochen lassen.

Salz erst nach dem Kochen zugeben, da dies die Kutteln zusammendrücken würde und damit die Kochzeit verlängern.

In einem kleinen Topf 2 EL Butter erhitzen und darin 3 EL Mehl anschwitzen, von der Brühe 4 Kellen Flüssigkeit hinzufügen und kurz umrühren. In die Mehlschwitze Salz, geschälte und im Mörser zerkleinerte Knoblauchzehen, Zitronensaft oder Essig und die Eidotter hineingeben und alles zusammen gut verquirlen, am besten mit dem Schneebesen, und unter ständigem Umrühren das Ganze in die Brühe zurückgeben, gut vermengen und noch ca. 15 Minuten weitergaren lassen.

Vor dem Servieren die restliche Butter in einer Pfanne zerlassen, den Cayennepfeffer daruntermischen und in die einzelnen Teller gießen.

Anstelle von Wasser kann man auch Fleisch- oder Knochenbrühe verwenden, die Suppe wird dann geschmackvoller und kräftiger.

Haxensuppe

Paca Çorbası

8 Lamm-, Hammel- oder Ziegenhaxen
2½ l Wasser
4 Knoblauchzehen, gehackt
3 EL Essig oder Saft von 2 Zitronen
2 TL Salz
1 TL Pfeffer
2 EL Butter oder Margarine
1 TL Cayennepfeffer

Die Haxen putzen, alle Haare entfernen, schaben und gut waschen. In einem passenden Suppentopf mit 2½ l kaltem Wasser zum Kochen bringen und gelegentlich mit der Schaumkelle abschäumen. Etwa 1½ Stunden bei mittlerer Hitze garen, dann probieren, ob sich das Fleisch leicht vom Knochen lösen läßt. Das Fleisch ablösen und die Brühe in einen Topf seihen, Salz, Pfeffer und Essig zugeben und abschmecken. Das Fleisch wieder in die Suppe geben.

In einer kleinen Pfanne Butter oder Margarine langsam erhitzen, Cayennepfeffer einstreuen. Die Pfanne am Griff nehmen und langsam in der Luft einige Male waagrecht im Kreis bewegen, damit sich der Cayennepfeffer und das Fett gut vermischen. Das zerlassene Fett mit dem Cayennepfeffer zur Suppe im Topf gießen und alles nochmals verrühren.

Legierte Haxensuppe

Terbiyeli Paça Çorbası

8 Lamm-, Hammel- oder Ziegenhaxen
2½ l Wasser
4 Knoblauchzehen, gehackt
2 TL Salz
1 TL Pfeffer
3 EL Mehl
3 EL Butter oder Margarine
4 Eier
1 TL Cayennepfeffer
1 Bund Dill, gehackt
2 Zitronen

Die Haxen wie beim Rezept Haxensuppe Seite 61 beschrieben behandeln und garen.
In einem Topf 3 EL Margarine oder Butter zerlassen, 3 EL Mehl daruntermischen und unter ständigem Rühren zu einer sämigen Paste werden lassen.
4 Eier gut verschlagen, den Saft von 2 Zitronen hinzugeben, mit einem Teil der durchgeseihten Brühe auffüllen, mit Salz und Pfeffer würzen und alles nochmals umrühren. Die halbflüssige Masse unter Rühren in den Topf geben, in dem sich das von den Knochen gelöste Fleisch und die durchgeseihte Brühe befinden. Bei mittlerer Hitze noch einige Minuten unbedeckt zum Kochen bringen und sämig eindicken lassen.
Die Suppe auf vorgewärmte Teller geben und mit feingehacktem Dill und Cayennepfeffer bestreuen.

Lammhaxen-Suppe mit Kichererbsen

Nohutlu Paça

Diese Suppe zubereiten, wie beim Rezept Haxensuppe Seite 61.
Zusätzlich benötigen Sie 150 g Kichererbsen, die Sie über Nacht einweichen müssen und 1 Zwiebel, geviertelt. Während die Haxe auf dem Herd kocht, gibt man die Kichererbsen und die Zwiebelviertel hinzu.
Wenn Sie Kichererbsen aus der Dose verwenden, werden die Erbsen erst zum Schluß in den Topf gegeben. Die Kichererbsen zuvor unter kaltem Wasser abspülen.

Hammelhaxen-Suppe Adana-Art

Adana Usulu Paça

Diese Suppe wird ebenso zubereitet wie die Lammhaxen-Suppe Seite 61. Nur gehört zu den Zutaten ein Hammelkopf. Dieser braucht weniger Kochzeit und deshalb selbstverständlich auch weniger Wasser. Daher den Kopf in einem Extra-Topf kochen, das Fleisch von den Knochen lösen und zusammen mit dem Haxenfleisch in einen Topf geben, abschmecken und beim Servieren mit Thymian oder ein wenig Oregano bestreuen.

Adana-Suppe

(Suppe Adana Art)

Adana Çorbası

Hierbei handelt es sich um eine Kichererbsensuppe mit Hackfleischeinlage. Ich nehme an, daß die besondere Art der Zubereitung mit Essig ihren Namen nach der Stadt Adana erhalten hat.

2 Tomaten
250 g Rinderhack
250 g Kichererbsen
1½ TL Salz
1 TL schwarzer Pfeffer
1 TL Thymian
½ Bund Petersilie
1½ l Fleischbrühe
60 cl Weinessig
Piment

Zuerst die eingeweichten Kichererbsen in einem Topf mit 1½ l Fleischbrühe und 1 TL Salz weich kochen. In einer breiten Schüssel inzwischen das Hackfleisch, ½ TL Salz, Pfeffer, Piment und feingehackte Petersilie zusammenkneten und haselnußgroße Bällchen formen. Die Bällchen zusammen mit den geschälten und kleingeschnittenen Tomaten in den Topf mit den Kichererbsen geben und noch 15 Minuten weiterkochen lassen. Die Suppe in Tassen füllen, Essig zufügen und einmal umrühren.

Erbsensuppe

Bezelye Çorbası

Die Erbsensuppe wird genau wie die Adanasuppe (s. oben) zubereitet. Anstatt Essig fügt man jedoch 1 Bund frischen Dill hinzu.
Wenn Sie frische, tiefgekühlte oder Dosenerbsen verwenden, verringert sich die Kochzeit.

Wenn Sie keine Fleischbrühe zur Hand haben, können Sie selbstverständlich auch Butter oder Margarine verwenden. In diesem Fall zuerst die Butter oder Margarine zerlassen. Die gekochten Erbsen, geschälten und kleingewürfelten Tomaten zusammen mit dem Salz kurz anschmoren und dann das Wasser hinzugießen und kochen lassen.

Rote Linsensuppe

Ezo Gelin Çorbası

1½ l Fleischbrühe
250 g rote Linsen
150 g Reis
2 EL Tomatenmark
2 EL Mehl
2 mittelgroße Zwiebeln
2 EL Margarine
1½ TL Salz
1 TL Pfeffer
1 TL Paprika
1 TL Pfefferminzblätter, getrocknet und gerieben

Die Margarine in einem Topf erhitzen, geschälte und in Würfel geschnittene Zwiebeln dünsten, bis sie glasig sind. 2 EL Mehl über die Zwiebeln stäuben und schnell mit einem Holzlöffel umrühren. Tomatenmark mit Fleischbrühe oder lauwarmem Wasser anrühren, zusammen mit Salz, Pfeffer und Paprika in den Topf geben und alles nochmals kurz durchrühren, dann die Fleischbrühe hinzugießen. Gewaschene rote Linsen und den Reis beigeben und nochmals mit dem Holzlöffel so lange rühren, bis die Suppe kocht. Dann auf kleiner Flamme weitergaren lassen. Bevor Sie den Kochtopf vom Herd nehmen, getrocknete Pfefferminzblätter zerreiben und zur Suppe geben, nochmals umrühren und abschmecken.

Suppe Halep-Art

Halep Çorbası

500 g Hammelfleisch in Stücken
1 große Zwiebel
2 Tomaten
200 g weiße Bohnen
200 g Kichererbsen
50 g Nudeln
4 Knoblauchzehen
2 l Wasser
1 TL Thymian
1 TL schwarzer Pfeffer
1 TL Cayennepfeffer
2 TL Salz
4 EL Butter oder Margarine
1 EL Olivenöl
1 Bund Petersilie

Die weißen Bohnen und die Kichererbsen über Nacht einweichen. In einem großen Topf Butter und Olivenöl erhitzen, geschälte und in Streifen geschnittene Zwiebel und das Hammelfleisch in den Topf geben und unter ständigem Rühren mit einem Holzlöffel anbraten. Tomaten waschen, schälen und in kleine Würfel schneiden. Die Tomaten zum Fleisch geben und unter gelegentlichem Umrühren schmoren. Salz, in Scheiben geschnittene Knoblauchzehen, Cayennepfeffer, schwarzen Pfeffer, Thymian, weiße Bohnen und die Kichererbsen kurz untermischen und alles zusammen auf mittlerer Flamme ca. 1 Stunde mit 2 l kaltem Wasser kochen, dann die Nudeln hinzufügen und noch weitere 15 Minuten garen lassen. Den Topf vom Herd nehmen und nochmals umrühren, zuvor eventuell die gehackte Petersilie hinzugeben oder aber die Petersilie beim Servieren über die Suppe streuen.
Sie können die Kochzeit verringern, wenn Sie die weißen Bohnen und die Kichererbsen vorgekocht in die Suppe geben und statt frischer Tomaten geschälte aus der Dose verwenden.

Suppe tatarische Art

Tatar Çobası

250 g Rinderhackfleisch
2 Tassen Mehl
1 Ei
1 TL Salz
1 Zwiebel, feingehackt
1 Bund Petersilie, feingehackt
1 TL Paprika
1 TL Pfeffer
1 EL Butter
1 EL getrocknete Pfefferminze
1 l Wasser

Aus dem Rinderhackfleisch, Mehl, Zwiebelwürfeln, Petersilie und Pfeffer einen Teig bereiten und diesen in Wasser, besser noch in Hühnerbrühe kochen. In einer Pfanne Paprika und getrocknete Pfefferminze erhitzen und vor dem Servieren über die in Suppentassen oder -teller gefüllte Suppe verteilen.
Je nach Geschmack kann man an die Suppe auch noch Joghurt und Knoblauch geben, kurz bevor man den Topf vom Herd nimmt.

Kaukasische Suppe

Kafkas Çorbası

1 kleiner Weißkohl
2 rote Rüben
50 g Fassonnudeln
1 ganz kleiner Sellerie
1 große Möhre
1 Zwiebel
4 EL Margarine
1 EL Maismehl
3 Peperoni (nicht zu scharf)
1 EL Salz
1 TL Paprika
¼ TL Piment
1 Bund Petersilie
3 Eidotter
⅛ l Milch

In einer Kasserolle die Margarine erhitzen, die in dünne Ringe geschnittenen Peperoni hinzugeben und 1 Minute später die in Streifen geschnittene Zwiebel und unter ständigem Rühren glasig werden lassen.

Dann den Weißkohl vierteln, den Strunk entfernen und den Kohl in feine Streifen schneiden. Rote Rüben schälen, Sellerie und Möhren säubern, halbieren und in dünne Scheiben schneiden und alles Gemüse in den Topf geben, gut umrühren und auf kleiner Flamme ca. 5 Minuten garen lassen, bei geschlossenem Deckel, damit das Gemüsearoma nicht verlorengeht. Dann die Hitze erhöhen und mit 1¼ l heißem Wasser oder besser Hühnerbrühe, Salz, Paprika, Piment und Fassonnudeln auffüllen und ca. 15 Minuten ziehen lassen.
In einer Schüssel Eidotter, Milch, feingehackte Petersilie und Maismehl verquirlen und unter Rühren in die Suppe gießen, abschmecken, einige Minuten weiterkochen.
Wenn Sie die Suppe pikanter wünschen, anstatt Paprika Cayennepfeffer verwenden.
Knoblauchfreunde können selbstverständlich 4—5 Knoblauchzehen, im Mörser zerstampft oder gehackt, verwenden. In diesem Fall schlage ich vor, anstatt der Milch 1 Becher Joghurt zu verwenden und das Maismehl wegzulassen.

Tscherkessen-Suppe

Cerkez Çorbası

150 g Weizenkörner
150 g Maiskörner
100 g weiße Bohnen
1 l Fleischbrühe vom Rind oder Huhn
2 mittelgroße Zwiebeln
3 EL Butter oder Margarine
2 Fleischtomaten
2 mittelgroße Paprikaschoten
1 EL getrocknete Pfefferminze
1 TL Salz
½ TL schwarzer Pfeffer

Die Weizenkörner und die weißen Bohnen mindestens 12 Stunden in Wasser einweichen. Die Körner und die Bohnen garen, bis sie halb weich sind. In einem Suppentopf 3 EL Fett zerlassen, die Zwiebeln schälen, halbieren und mit der Schnittfläche auf ein Holzbrett legen, dann quer in dünne Scheiben schneiden; hierzu ist ein scharfes Küchenmesser nötig. Die Paprikaschoten waschen, Stiel und Kerne entfernen und noch mal unter fließendem kalten Wasser waschen. In je 4 Teile schneiden und von den kurzen Kanten aus in Streifen schneiden. Die Tomaten schälen.

Zuerst die Paprikastreifen in die zerlassene Butter geben, mit einem Holzlöffel einige Male umrühren, dann die dünnen Zwiebelscheiben untermengen und die in Stückchen geschnittenen Tomaten beigeben. Die getrocknete Pfefferminze zwischen den Fingern zerreiben und in den Topf geben, mit Salz und schwarzem Pfeffer abschmekken. Gut umrühren, dann die Fleischbrühe angießen, dann die abgeseihten Weizenkörner und die weißen Bohnen mit den Maiskörnern zusammen langsam in die Brühe geben. Zuerst auf starker Flamme erhitzen und dann auf kleinerer Flamme garen.

Wenn Sie Maiskörner und weiße Bohnen aus der Dose verwenden sparen Sie Kochzeit und Brühe. Sollten Sie keine weißen Bohnen zur Hand haben, können Sie auch Erbsen, Linsen oder Kichererbsen verwenden. Je nach Wunsch, kann man diese Suppe auch mit Joghurt und Knoblauch zubereiten. In diesem Fall aber auf Zwiebel und Tomaten verzichten.

Zucchini-Suppe

Kabak Çorbası

1 kg Zucchini
3 Lauchzwiebeln
3 EL Butter
1 EL Mehl
1 TL Salz
1 TL weißer Pfeffer
1 Bund frischer Dill
1 kleiner Becher Vollmilchjoghurt
1 Eigelb
1 l Wasser

Zuerst die Zucchini waschen, schälen und in dünne Scheiben schneiden. Die Lauchzwiebeln waschen und putzen, in dünne Scheiben schneiden.
Butter im Topf zerlassen, die Lauchzwiebeln und Zucchini hinzugeben und mit dem Mehl 3 Minuten dünsten, dann 1 l lauwarmes Wasser dazugießen und mit Salz, Pfeffer und feingehacktem Dill abschmecken und zum Kochen bringen. 15 Minuten garen lassen und die Suppe vom Herd nehmen und den mit dem Eigelb verschlagenen Joghurt unter Rühren in die Suppe geben.

Maissuppe

Mısır Çorbası

4 frische Maiskolben
1 kleine Paprikaschote
500 g Vollmilchjoghurt
0,8 l Wasser
2 EL Mehl
1 EL Butter
1 TL Salz
½ TL Paprika, edelsüß
½ TL getrocknete Pfefferminze (besser frische Minze)

Diese Suppe wird meistens im Spätsommer, zur Erntezeit, gekocht und paßt besonders gut zu Grillgerichten oder zum Türkischen Tartar.
Die neu geernteten Maiskolben von ihrem Mantel befreien und mit den Fingern in eine Schüssel auskörnen.

Die von Stiel und Kernen befreite Paprikaschote kurz waschen und vierteln. Alle Teile übereinanderlegen und auf einem Holzbrett oder der Arbeitsplatte quer in feine Streifen schneiden. Butter in einer Kasserolle erhitzen und die Paprikastreifen kurz anschmoren, Mehl dazugeben und einige Male mit einem Holzlöffel umrühren, damit das Mehl sich gut verteilt und nicht klumpig wird. Dann die gewaschenen Maiskörner beifügen und mit Wasser und Salz zum Kochen bringen und auf mittlerer Kochstufe garen. Bevor man den Topf vom Herd nimmt, in einer Schüssel Joghurt mit ein wenig Wasser verdünnen und mit dem Schneebesen durchrühren, bis er eine flüssige Konsistenz erhält. Unter ständigem Rühren den Joghurt in den Topf zu den Maiskörnern geben.
Vor dem Servieren die Pfefferminze zerkrümeln und zusammen mit dem edelsüßen Paprikapulver über die Suppe streuen.

Knoblauchsuppe

Sarımsak Çorbası

1 l Hühnerbrühe
4 Eier
4 große Knoblauchzehen
½ TL Salz
2 EL Butter
1 Porreestange
2 Scheiben Toastbrot

Die Butter in einem Topf zerlassen, geschälte, gehackte und mit Salz vermischte Knoblauchzehen, geputzten und in feine Ringe geschnittenen Porree kurz anschmoren, mit Brühe auffüllen und zum Kochen bringen.
Die Eier schlagen und langsam unter ständigem Rühren an die Suppe geben. Einige Minuten ziehen lassen.
Geröstete Toastscheiben würfeln, in Suppentassen geben und die Suppe darüberfüllen.
Mit etwas Dill oder Petersilie garnieren.

Linsensuppe mit hausgemachten Bandnudeln

Eristeli Mercimek Çorbası

250 g Linsen
2 Zwiebeln
2 EL Tomatenmark
1 TL Paprika
3 EL Margarine
1 Bund Petersilie
150 g Mehl
1 TL Salz
½ TL schwarzer Pfeffer
¼ TL Cumin

Wenn Sie getrocknete Linsen verwenden, so müssen Sie diese über Nacht oder 10—12 Stunden einweichen. In einem Topf die Linsen dann mit viel Wasser gar kochen und beiseite stellen.

In einer Kasserolle geschälte und in Würfel geschnittene Zwiebeln in der Margarine goldgelb anbraten. Das mit heißem Wasser verdünnte Tomatenmark, Paprika, Salz und schwarzen Pfeffer untermischen und die gegarten Linsen beifügen und mit ca. 1 l warmem Wasser aufkochen.

Inzwischen Mehl auf einer Marmorplatte mit lauwarmem Wasser vermischen, kneten und mit einem Nudelholz ganz dünne, runde Teigblätter ausrollen. Die Teigblätter in der Mitte durchschneiden, falten und mit einem scharfen Messer die übereinandergelegten Teigblätter quer in 4 cm breite Streifen teilen. Diese Streifen mit der Hand leicht anheben, damit die Streifen nicht zusammenkleben. Dann diese geschnittenen Teigstreifen in einen Topf mit kochendem Wasser geben und ca. 8 Minuten kochen lassen. Den Topf vom Feuer nehmen und die Bandnudeln in einer Schüssel anrichten. Vor dem Servieren mit gehackter Petersilie bestreuen.

Anstatt Tomatenmark können Sie natürlich auch frische Tomaten verwenden.

Anstatt der hausgemachten Bandnudeln können Sie selbstverständlich auch vorgefertigte Teigwaren verwenden. Aber ich wette, daß diese niemals den Geschmack

Ihrer selbstgemachten Nudeln erreichen. Außerdem hat man bei dieser Sache viel Spaß.
Die Linsensuppe können Sie anstatt mit Wasser auch mit Fleischbrühe herstellen, am besten Hackfleischbrühe. Das steigert den Geschmack und den Gehalt der Suppe. Peperoni, 2 Stück, als Krönung steigern den Geschmack der Suppe ebenfalls. Probieren Sie es aus.

Graupensuppe

Bulgur Çorbası

250 g feinzerkleinerte Graupen
2 Tomaten oder 4 EL Tomatenmark
1 große Zwiebel
4 Peperoni (nicht zu scharf) oder Paprikaschoten
4 EL Butter oder Margarine
1½ TL Salz
1 TL Pfeffer
½ TL Paprika (Cayennepfeffer)
1 Bund Petersilie
1½ l Wasser

Die Zwiebel schälen, in kleine Würfel schneiden und in einem Topf mit der Butter oder Margarine goldgelb anbraten. Die Butter und Peperoni oder Paprikaschoten waschen und putzen. Tomaten in Stücke, Peperoni in Ringe schneiden, zur Zwiebel fügen und mit Salz, Pfeffer, Cayennepfeffer weiterschmoren. Die gut gewaschenen Graupen in den Topf geben und mit einem Holzlöffel ein paarmal umrühren, dann das Wasser angießen und weiterrühren, damit die Graupen nicht ansetzen, während das Wasser zum Kochen gebracht wird. Dann auf kleiner Flamme mit geschlossenem Deckel ca. 10 Minuten weiterkochen.
Zur Verfeinerung der Suppe können Sie natürlich auch Geflügel- oder Fleischbrühe anstelle von Wasser verwenden. Wenn Sie Hackfleisch oder kleingeschnittenes Rindfleisch hinzufügen, wird die Suppe noch kräftiger.
Feinschmecker verwenden mehr Cayennepfeffer und Knoblauch.

Krabbensuppe mit Safran

Karides

250 g Krabben
1 EL Butter
½ EL Mehl
1 kleiner Becher Joghurt
½ TL Salz
½ TL Zimt
1 TL geriebener Safran
4 Eidotter
Saft von 1 Zitrone
1 Bund frischer Dill
0,4 l Wasser (etwa 2 Gläser)

Butter in einem Topf zerlassen, Mehl beifügen und unter Rühren mit einem Holzlöffel kurz anschwitzen. Gewaschene und abgetropfte Krabben, Salz, Zimt, Safran untermischen und mit Wasser zum Kochen bringen. Ca. 10 Minuten garen. Zum Schluß geschlagenen Joghurt, Zitronensaft, Eidotter und gehackten Dill an die Suppe geben, umrühren und abschmecken.
Wenn Sie die Krabben mit Schale gekauft haben, diese in Wasser mit etwas Salz und Essig abkochen und abkühlen lassen. Die Brühe für die Suppe benutzen. Heute kann man aber überall tiefgekühlte Krabben bekommen.

Saucen

Knoblauchsauce mit Tomaten

Domatesli Sarımsak Sosu

500 g Tomaten, geschält, gewürfelt
2 EL Tomatenmark
6 Knoblauchzehen
2 EL Butter oder Margarine
1 EL Pflanzenöl
1 EL Mehl
1 Stange Porree
½ Bund Petersilie
1 TL Salz
1 TL Pfeffer
½ l Fleischbrühe

Die Butter in einer Kasserolle zerlassen und das Pflanzenöl hinzufügen und zusammen erhitzen. Geschälte und in feine Scheiben geschnittene Knoblauchzehen zusammen mit dem in Ringe geschnittenen Porree andünsten und das Mehl darüberstäuben, Tomaten hinzufügen, salzen und pfeffern und gut umrühren. Das Tomatenmark mit der Fleischbrühe verdünnen und unter weiterem ständigen Rühren in die Kasserolle geben, einmal aufwallen lassen und mit gehackter Petersilie anrichten.
Die herzhafte Sauce eignet sich besonders zu Lamm- und Hammelfleischgerichten.

Tatarsauce

Tatar Salçası

2 Eidotter
1 hartgekochtes Ei
⅛ l Olivenöl
Saft von ½ Zitrone
1 EL Senf
¼ Bund Petersilie
3 Lauchzwiebeln
1 Prise Salz
1 Prise Pfeffer, weiß

Die beiden Eidotter mit Zitronensaft gut verrühren, Senf, das gekochte und gehackte Ei, feingeschnittene Lauchzwiebeln, gehackte Petersilie, Salz, Pfeffer und Olivenöl hinzufügen und alle Zutaten kräftig verrühren.
Diese Sauce paßt gut zu Fischgerichten. Sie können sie aber auch zu gegrilltem oder kaltem Fleisch servieren.

Béchamelsauce

Beşamel Salçası

¼ l Milch
25 g Mehl
2 EL Butter
1 Prise Salz

Butter erwärmen, bis sie flüssig wird (ca. 2 Minuten) und das Mehl unterrühren. Langsam die Milch hinzufügen, während Sie die Masse ständig weiter rühren, so daß keine Klümpchen entstehen. Mit Salz abschmecken und die Sauce nochmals zum Kochen bringen.
Diese Sauce eignet sich gut als Begleitung zu Spinat, Blumenkohl, Artischocken und Porree als Warmgericht.
Sie können die Béchamelsauce auch mit Eigelb verfeinern und nach Geschmack mit Muskat würzen.

Sauce Anatolien

Anadolu Sosu

100 g Tomatenmark
1 EL Essig
2 EL Trauben-Sirup
1 Prise Chili-Pfeffer
1 Knoblauchzehe, gerieben
¼ TL Senfpulver
¼ TL Salz
4 EL Fleischbrühe

Alle Zutaten in einem entsprechenden Topf 5 Minuten aufkochen.
Diese Sauce eignet sich besonders zu gegrillten Fleischgerichten. Sie können sie warm oder kalt verwenden.

Porreesauce mit Knoblauch

Sarımsaklı Pırasa Sosu

500 g Porree
2 Eigelb
1/16 l Oliven- oder Sonnenblumenöl
4 Knoblauchzehen
½ Bund Dill
1 Prise weißer Pfeffer aus der Mühle
1 Prise Salz
1 EL Zitronensaft

Zunächst die äußeren Blätter und die Wurzelballen entfernen und dann die Porreestangen gründlich unter fließendem kalten Wasser waschen, in feine Scheiben schneiden und bei mittlerer Hitze mit wenig Wasser ca. 15 Minuten gar dünsten und abkühlen lassen. Die Knoblauchzehen schälen, in eine kleine Schüssel reiben und mit Eidotter, Öl, Salz, Pfeffer, Zitronensaft und dem von den Stengeln gezupften und gewaschenen, feingehackten Dill verquirlen. Alles unter den Porree mischen und abschmecken.
Diese Sauce ist besonders geeignet als Beilage zu Schalen-, Krusten- und Weichtieren sowie zu gedünsteten oder gekochten Fischen.

Grillsauce

Izgara Salçası

1 Zwiebel
2 Knoblauchzehen
2 kleine Tassen Essig
4 kleine Tassen Fleischbrühe
1 EL Butter
1 EL Mehl
½ TL Salz
½ TL Pfeffer
½ TL Cayennepfeffer
2 Lorbeerblätter
1 kleiner Zweig frischer Thymian
1 Prise Piment
3 Stengel Petersilie
1 Stengel Sellerie

Zwiebel und Knoblauch in Butter andünsten, Essig, Fleischbrühe, Sellerie, Petersilie, Thymian, Piment, Lorbeerblätter, Cayennepfeffer, Salz und Pfeffer beifügen und ca. 10 Minuten kochen; die Masse durchseihen. Das Mehl in einer kleinen Schüssel anrühren und langsam unter ständigem Rühren in den Topf gießen und das Ganze nochmals ca. 3 Minuten weiterkochen.
Diese Sauce paßt gut zu gebratenem oder gegrilltem Rind- und Hammelfleisch.

Tomatensauce

Domates Salçası

1¼ l Fleischbrühe
1 Sellerieknolle
2 Möhren
1 kg Tomaten
4 Lorbeerblätter
4 Knoblauchzehen
2 grüne Paprikaschoten
3 EL Margarine
2 Zwiebeln
2 TL grüner Pfeffer
1 TL Salz
1 Bund Petersilie
3 EL Mehl

In einem großen Topf Margarine, kleingeschnittene Paprikaschoten, Zwiebeln, Möhren, Sellerie, gehackten Knob-

lauch, grünen Pfeffer und Salz leicht anbräunen, die Tomaten hinzufügen und das Ganze ca. 5 Minuten weiterschmoren. Lorbeerblätter und Fleischbrühe zufügen und ca. 15 Minuten kochen lassen. Durch ein Sieb streichen. Das Mehl mit etwas Fleischbrühe vermengen und unter ständigem Rühren zu der Flüssigkeit geben, bis diese sämig wird.
Diese Sauce eignet sich zu Fleisch- und Nudelgerichten. Wenn Sie keine Tomaten zur Hand haben, können Sie auch Tomatenmark verwenden.

Apfelsinensauce

Portakal Sosu

1 Apfelsine, ungespritzt, gewaschen
Saft von ½ Zitrone
1 EL gemahlene Mandeln
1 EL Maismehl
1 Eigelb
1 EL Bienenhonig
1 Msp Safran
1 Msp Zimt
¼ l Milch

Das Maismehl mit der kalten Milch glattrühren. Von der Apfelsine die Schale abreiben, diese und die Mandeln, Bienenhonig, Safran, Zimt der Milch zufügen und unter ständigem Rühren auf mittlerer Flamme aufkochen lassen und beiseite stellen. Sodann zuerst den Apfelsinensaft unter die Sauce rühren, danach vorsichtig das Eigelb untermischen.
Diese Sauce eignet sich sehr gut als Begleitung zu Hühnerfleisch oder für Krabbencocktails.

Joghurt-Knoblauch-Sauce

Sarımsaklı Yogurt Sosu

Hierbei handelt es sich um eine kalte Sauce, geeignet zu gebratenem Gemüse oder als Dressing für Salate, außerdem, leicht im Ofen angewärmt, zu Grillgerichten mit Fladenbrot.

500 g Joghurt
4 Knoblauchzehen
¼ TL Salz
1 EL Olivenöl
1 Stengel Dill
1 Prise weißer Pfeffer

Die Knoblauchzehen schälen, reiben und mit Salz, Pfeffer, Öl, gehacktem Dill und dem Joghurt in einer passenden Schüssel cremig rühren.
Anstatt Joghurt können Sie für diese Sauce auch Dickmilch verwenden, sie läßt sich besser glattrühren.

Tomatensauce mit Zwiebellauch

Taze Soğanlı Domates Sosu

500 g Tomaten
1 Bund Zwiebellauch
½ Bund Petersilie
1 Stengel Basilikum
3 EL Olivenöl
2 Knoblauchzehen
¼ TL Cayennepfeffer
1 Prise Salz
1 Prise Koriander
1 Prise schwarzer Pfeffer
1 EL Weinessig

Die geputzten, gewaschenen und in Ringe geschnittenen Lauchzwiebeln mit den geraspelten Knoblauchzehen in heißem Olivenöl anbraten, die geschälten und gewürzten Tomaten hinzugeben und mit Salz, Pfeffer, Cayennepfeffer, Koriander, Essig, gehackter Petersilie und Basilikum würzen, abschmecken und 10 Minuten ziehen lassen.
Paßt gut zu gebratenen Auberginen oder Zucchini.

Auberginensauce

Patlıcan Sosu

500 g Auberginen
250 g geschälte, geschnittene Tomaten
50 g Champignons, in dünnen Scheiben
2 EL Butter
2 EL Olivenöl
1 Stengel Kerbel
2 Stengel Petersilie
Salz
schwarzer Pfeffer aus der Mühle
1 Zwiebel, geschält, in Scheiben
½ TL Cayennepfeffer
Saft von ½ Zitrone

Zuerst die Auberginen um den Stengel quer, dann der Länge nach schälen, in ca. 1 cm dicke Streifen schneiden und anschließend würfeln. Die Auberginen ca. 30 Minuten in Salzwasser legen, herausnehmen und abtropfen lassen. In einer Kasserolle die Auberginen, Champignon- und Zwiebelscheiben mit der Butter und dem Olivenöl schmoren, dann die Tomaten beifügen. Mit Salz, Pfeffer, Cayennepfeffer und dem Saft einer ½ Zitrone abschmekken und 5 Minuten bei mittlerer Hitze kochen lassen. Den Topf kurz vom Herd nehmen und den Kerbel und die Petersilie untermischen.
Patlıcan Sosu wird heiß zu Hammel- und Lammgerichten serviert. Knoblauchfreunde brauchen ihre Knolle nicht unter den Tisch fallen zu lassen, sondern können diese Sauce ganz nach ihrem Geschmack anreichern.

Fischgerichte

Gebackener Meerbarsch

Levrek Firinda

800 g Meerbarsch
200 g Krabben ohne Schale
1 Stengel Thymian
¼ Bund Petersilie, feingehackt
1 Prise Salz
¼ TL weißer Pfeffer
1 Zitrone, in Scheiben
1 Zwiebel, in Ringen
20 schwarze Oliven, entkernt
2 Fleischtomaten, geschält
1 EL Butter
1 EL Olivenöl
3 Lorbeerblätter

Den Meerbarsch ausnehmen, säubern und waschen. In eine feuerfeste ovale Form 3 Zitronen- und 3 Zwiebelscheiben legen und darauf den Meerbarsch geben. Die restlichen Zwiebelringe, Zitronenscheiben und die Lorbeerblätter in den aufgeschlitzten Bauch des Fisches füllen. Krabben, kleingeschnittene Tomaten, Oliven und Thymian zufügen, mit Salz und Pfeffer würzen. Bei mittlerer Hitze im Ofen mit Olivenöl und Butter ca. 30—35 Minuten backen. Mit Petersilie bestreut servieren.

Barsch mit Orangen

Portakalli Levrek

800 g Barschfilet
2 Apfelsinen
Saft von 1 Zitrone
2 Lorbeerblätter
2 EL Butter
1 TL Zimt
1 Bund Petersilie
Salz
Pfeffer

Das Fischfilet waschen und mit Küchenkrepp trockentupfen, mit Zitronensaft säuern, salzen und pfeffern.
Eine Auflaufform ausfetten; die Orange sorgfältig schälen, die Frucht in Scheiben schneiden und die Auflaufform mit der Hälfte der Apfelsinenscheiben auslegen, darauf das Fischfilet geben und mit Orangenscheiben bedekken, Zimt und feingehackte Petersilie darüberstreuen und mit der restlichen Butter bedecken. Die zweite Orange auspressen und den Saft über das Filet gießen. Die Form mit Alufolie verschließen und im vorgeheizten Backofen bei mittlerer Hitze ca. 35—40 Minuten garen.

Welsfilet im Eikleid

Yayinbaligi Kizartmasi

4 Welsfilets (je ca. 200 g)
2 Eier
Saft von 1 Zitrone
1 EL Mehl
Salz
Pfeffer
Öl zum Braten

Die Welsfilets waschen und mit Küchenkrepp trockentupfen.
Die Eier mit Zitronensaft verquirlen, das Mehl mit Salz und Pfeffer würzen und das Öl erhitzen. Die Welsfilets zuerst in Mehl wenden, dann in Ei tauchen, zuletzt in der Pfanne, etwa 6—7 Minuten goldgelb braten.

Wels mit Tomaten

Domatesli Yayinbaligi

1 kg Wels
4 Fleischtomaten, geschält, geviertelt
4 Lauchzwiebeln, geputzt, in Ringen
½ TL Salz
½ TL weißer Pfeffer aus der Mühle
2 EL Butter
Saft von 1 Zitrone
2 Stengel Dill
1/16 l Tomatensaft

Den Fisch waschen und in einem großen Topf ganz mit Wasser bedeckt ca. 8 Minuten kochen. Abkühlen lassen und Haut und Gräten entfernen.
In einer Pfanne die Butter zerlassen und die Lauchzwiebelringe darin ca. 2 Minuten braten, Tomaten und Petersilie zugeben, würzen, umwenden und beiseite stellen. Eine feuerfeste Form mit der Hälfte der Tomaten auslegen, das Welsfleisch darübergeben und mit den restlichen Tomaten bedecken. Zum Schluß mit Zitronen- und Tomatensaft begießen und obenauf die Dillstengel legen. Im Ofen etwa 10 Minuten ziehen lassen.

Gegrillter Blaubarsch

Lüfer Izgara

4 Blaubarsche (je 200—250 g)
Salz
Pfeffer
Olivenöl
Zitronensaft und Zitrone

Die Blaubarsche mit einem scharfen Messer vom Schwanz zum Kopf hin abschuppen, Eingeweide entfernen. Die Fische waschen und trockentupfen, säuern, salzen und pfeffern, mit Olivenöl einreiben und auf dem Holzkohlen- oder Elektrogrill von beiden Seiten rösten. Mit Zitronenschiffchen garniert servieren.

Blaubarsch mit Wein

Sarapli Lüfer

4 Blaubarsche
3 mittelstarke Porreestangen
4 große weiße Champignons
2 Fleischtomaten, geschält, gehackt
3 Stengel Dill
1 Stengel Kerbel
Salz
weißer Pfeffer
Saft von 1 Zitrone
1 EL Butter
1 EL Olivenöl
$\frac{1}{5}$ l trockener Weißwein

Die Blaubarsche schuppen, ausnehmen und gründlich waschen. Mit Küchenkrepp trockentupfen, mit Zitronensaft säuern, dann mit Salz, Pfeffer und Olivenöl einreiben. Den Porree putzen und in dünne Ringe schneiden, die Champignons waschen und in dünne Scheiben schneiden.

Eine Backform, oder besser, eine feuerfeste Glasform mit Butter einfetten und die Blaubarsche hineingeben, mit Porree, Champignons, gehackten Tomaten, Dill und Kerbel bedecken, salzen und pfeffern. Langsam den Wein über den mit dem Gemüse bedeckten Fischen verteilen und die Form verschließen.

Bei mittlerer Hitze im vorgeheizten Backofen ca. 25—30 Minuten garen.

Gegrillte Bonitos

Palamut Izgarasi

2 Bonitos (kleine Thunfische)
Olivenöl
Salz
Pfeffer
Zitronensaft

Köpfe, Schwänze und Eingeweide der Bonitos entfernen. Die Fische waschen und mit Küchenkrepp trockentupfen, in Koteletts schneiden, säuern, würzen und mit Olivenöl einreiben. Bei mittlerer Hitze auf dem Grill ca. 10 Minuten von beiden Seiten rösten.
Man kann auch die Gräten der Bonitos entfernen und das Fleisch in 4 Filets schneiden.

Bonitos-Buletten

Palamut Köftesi

2 Bonitos
2 Zwiebeln
2 Eier
1 TL Salz
1 TL weißer Pfeffer
½ TL Piment
2 EL Pinienkerne, zerkleinert
¼ Bund Petersilie
2 Scheiben Weißbrot ohne Rinde
Öl zum Braten

Von den Bonitos Köpfe, Schwänze und Eingeweide entfernen. Waschen und in der Mitte durchschneiden. In einem Topf mit Wasser bedeckt ca. 15 Minuten kochen, abkühlen lassen und Haut und Gräten entfernen. In einer Schüssel die feingeschnetzelten oder durch den Wolf gedrehten Bonitos mit Eiern, geraspelter Zwiebel, Salz, Pfeffer, Piment, Pinienkernen, Petersilie und eingeweichtem Weißbrot vermengen und gut verkneten. Aus der Masse etwa eigroße Bällchen formen und mit der Hand Buletten herstellen. Das Öl erhitzen, die Buletten von beiden Seiten goldbraun braten und mit Zitronenscheiben und Dillzweigen garniert servieren.

Aal am Spieß

Yilanbaliği Şiş Kebabı

800 g Aal
Salz
Lorbeerblätter
1 EL Olivenöl
Saft von 1 Zitrone

Aale ausnehmen, die Haut abziehen, waschen und abtropfen lassen. Dann die Aale in ca. 2 cm lange Stücke schneiden, mit Zitronensaft säuern und abwechselnd mit Lorbeerblättern auf Spieße stecken. Mit Olivenöl bepinseln und die Spieße von allen Seiten auf der glimmenden Asche des Holzkohlengrills rösten.
Wenn Sie die Aale salzen statt säuern, können Sie auch verdünnten Safran verwenden. Hierdurch wird der Geschmack noch feiner. In diesem Fall erübrigen sich die Lorbeerblätter.

Forelle in Alufolie

Alabalik Kagitta

4 Forellen
2 Peperoni, der Länge nach halbiert
2 Porreestangen, in Ringen
2 Tomaten, in Scheiben
4 Stengel Thymian
4 Stengel Kerbel
1 TL Salz
1 TL weißer Pfeffer
1 Zitrone in Scheiben
1 EL weiche Butter

Die Forellen beim Händler küchenfertig vorbereiten lassen — oder, wenn das nicht möglich ist, selbst die Eingeweide entfernen, waschen und die Fische mit Küchenkrepp trockentupfen. Die Bauchseite öffnen und tief einschneiden und mit einem Teil der Peperoni, Porree, Thymian, Kerbel, Zitrone und Tomaten füllen. Salzen, pfeffern und mit Butter bestreichen. Die gefüllten Forellen in Alufolie wickeln und auf dem Rost oder der Grillpfanne von beiden Seiten etwa 25—30 Minuten braten.

Fritierte Meergrundel

Kaya Baligi Köftesi

600 g Meergrundel, gekocht, entgrätet und zerkleinert (geschnetzelt)
500 g gekochte, geschälte und pürierte Kartoffeln
2 Zwiebeln, geschält, geraspelt
3 Eier
Salz
weißer Pfeffer
2½ EL Pinienkerne, zerkleinert
½ Bund Petersilie
4 EL Paniermehl und Mehl
1 TL Piment
1 Prise Zimt
Backfett
Saft von 1 Zitrone

Die Meergrundel mit pürierten Kartoffeln, Zwiebeln, Ei, Salz, Pfeffer, Pinienkernen, Petersilie, Piment und Zimt vermengen und gut verkneten. Aus der Fisch-Kartoffelmasse ca. 12 kleine Buletten formen. Die Eier schlagen und vorsichtig den Zitronensaft hinzugeben. Die Buletten zuerst im Paniermehl, dann in der Eimasse wenden und zuletzt im erhitzten Öl ca. 5 Minuten fritieren.

Gebratene Zahnbrasse

Sinarit Tavasi

1 kg Zahnbrasse
2 EL Mehl
Salz
Pfeffer
1 Bund Petersilie
Saft von 1 Zitrone
1 Zitrone in Scheiben
Öl zum Braten

Die Zahnbrasse entweder beim Händler küchenfertig vorbereiten lassen oder selbst schuppen, Eingeweide entfernen, dann waschen und mit Küchenkrepp trockentupfen. Den Fisch mit Zitronensaft beträufeln, salzen, pfeffern und in Mehl wenden. In einer Pfanne das Öl erhitzen und den Fisch von beiden Seiten braten.
Mit Zitronenscheiben und gehackter Petersilie anrichten.

Gedämpfte Zahnbrasse

Sinarit Buğulamasi

1 kg Zahnbrasse
1 Zwiebel
1 Möhre
1 kleine Sellerieknolle
1 Porreestange
1 Stengel Thymian
2 Stengel Petersilie
2 Lorbeerblätter
4 Knoblauchzehen
Salz
weißer Pfeffer aus der Mühle
1 Zitrone
Olivenöl
2 Eidotter
¼ Bund Schnittlauch

Die Flossen der Zahnbrasse entfernen, schuppen und ausnehmen. Fisch unter kaltem Wasser gut waschen, dann säuern und zusammen mit der geschälten Zwiebel, geputzten und der Länge nach halbierten Möhre, geputzten und geviertelten Sellerieknolle, geputztem und gewaschenem Porree, Thymian, Petersilie, Lorbeerlaub und 2 Knoblauchzehen auf einen feuerfesten Teller legen.

Einen großen tiefen Topf ca. 4 cm hoch mit Wasser füllen und zum Kochen bringen. In die Mitte des Topfes eine feuerfeste breite Suppentasse stellen und hierauf vorsichtig den Teller mit Fisch und Gemüse. Bei geschlossenem Deckel etwa 20—25 Minuten gar ziehen lassen.

Inzwischen in einer Schüssel Eidotter, Olivenöl, Salz, Pfeffer, zerdrückte Knoblauchzehen, feingeschnittenen Schnittlauch cremig rühren und vor dem Servieren über die mit gekochten Möhrenscheiben garnierte Zahnbrasse gießen.

Gegrillter Steinbutt

Kalkan Izgarasi

800 g Steinbutt
Salz
Pfeffer
2 EL Maisöl
Saft von ½ Zitrone

Den Steinbutt in ca. 1,5 cm dicke längliche Stücke schneiden, waschen und mit Küchenkrepp trockentupfen. Auf einen Teller legen und säuern, salzen und pfeffern; ca. 30 Minuten ziehen lassen.
Die Fischscheiben mit Maisöl einreiben und auf dem Holzkohlengrill von beiden Seiten grillen.
Wenn Sie einen elektrischen Grill verwenden, den Fisch auf mittlerer Stufe grillen.

Gebackener Steinbutt

Kalkan Tavasi

800 g Steinbutt
Salz
Mehl
Olivenöl
Saft von ½ Zitrone

Den Steinbutt in vier Stücke teilen, unter fließendem Wasser waschen, leicht salzen und auf einem Sieb ca. ½ Stunde abtropfen lassen. Dann die Stücke mit Zitronensaft beträufeln, in Mehl wenden, so daß eine dünne Mehlschicht am Fisch haften bleibt. Inzwischen in einer Pfanne das Öl erhitzen und die Steinbuttstücke darin von allen Seiten hellbraun backen, heiß servieren.

Gekochter Steinbutt

Kalkan Haslamasi

1 kg Steinbutt
2 Kartoffeln, geschält, in Scheiben
1 Sellerieknolle in ganz kleinen Stücken
1 Möhre, geputzt, in 2 cm starken Scheiben
1 Zwiebel, geschält, geviertelt
2 TL Salz
1 EL Margarine
1 Bund Petersilie
1 EL Essig
2 Eidotter
¼ Bund Dill
Saft von 1 Zitrone

Den Steinbutt in Stücke schneiden, waschen, leicht salzen und auf einem Sieb abtropfen lassen. Kartoffeln, Sellerie, Möhre, Zwiebel, Petersilie, Salz und Essig in einen Topf geben und ca. 4—5 cm hoch mit Wasser bedecken, 20 Minuten garen und dann abkühlen lassen. Den Fisch zwischen das Gemüse legen und den Sud einmal kurz aufkochen lassen, dann sofort die Hitze abschalten. Den Fisch etwa 13 Minuten im Sud gar ziehen lassen. Sollte das Gemüse nicht genügend Flüssigkeit abgeben, können Sie mit etwas warmem Wasser den Sud verlängern. Die Eidotter in einer Schüssel verrühren und etwas Fischsud darunterrühren, mit Salz, Pfeffer und Zitronensaft würzen und den gehackten Dill zufügen. Die Steinbuttstücke mit dieser Sauce begießen.

Gebratene Sardinen

Hamsi Tavasi

800 g Sardinen
5 EL Maismehl
4 EL Maisöl, Weizenkeimöl oder sonstiges Pflanzenöl
½ TL Salz
Saft von 1 Zitrone

Die Sardinen mit einem scharfen Messer am Bauch aufschlitzen und die Eingeweide entfernen, waschen und die Fische gut mit Küchenkrepp trockentupfen. Mit Zitronensaft säuern, salzen und in Maismehl wenden (hierdurch werden die Sardinen besonders knusprig). In einer Eisenpfanne, wenn möglich, das Öl erhitzen und die Sardinen von beiden Seiten goldbraun braten.
Als Beilage empfiehlt sich knuspriges Weißbrot und ein knackiger Salat, z. B. Lauchsalat.

Gedämpfte Sardinen

Hamsi Bugulamasi

800 g Sardinen
1 mittelgroße Zwiebel
1 Kartoffel
2 Tomaten
1 Bund Petersilie
Saft von 1 Zitrone
1 grüne Paprikaschote
1 TL Salz
1 TL schwarzer Pfeffer
3 EL Olivenöl

Eingeweide der Sardinen entfernen und die Fische waschen. Die Zwiebel in Ringe schneiden, die Kartoffel schälen und in Scheiben schneiden. Zuerst die Zwiebelringe, dann die Kartoffelscheiben in eine Pfanne legen, darauf die Sardinen schichten und die in Streifen geschnittenen Paprika darüberlegen und mit geschälten Tomaten bedecken. Mit Zitronensaft säuern und würzen und Olivenöl darüberträufeln. Die Pfanne mit Alufolie gut verschließen und im Ofen bei mittlerer Hitze ca. 30 Minuten dämpfen. Vor dem Servieren mit gehackter Petersilie bestreuen.

Schwarzmeerpfanne

Karadeniz Tavasi

1 kg Sardinen
200 g Reis
5 mittelgroße Zwiebeln
1½ TL Salz
1 TL weißer Pfeffer
1 TL Piment
½ TL Pfefferminze
⅕ l Olivenöl
2 EL Pinienkerne
1 EL Korinthen
Saft von 1 Zitrone
1 TL Zimt
1 Bund Petersilie
½ EL Mehl

Die Köpfe und die Eingeweide der Sardinen entfernen. Die Fische waschen und abtropfen lassen, salzen und etwas Mehl darüberstäuben. Die Sardinen entgräten.
Gewürfelte Zwiebeln und Pinienkerne in einem Topf oder Pfanne im erhitzten Olivenöl glasig werden lassen, den gewaschenen Reis hinzugeben und umwenden, mit Salz, Pfeffer, Pfefferminze, Piment und Zimt würzen und mit 1 Glas Wasser auffüllen. Bei geschlossenem Deckel auf kleiner Hitze ca. 15 Minuten dünsten.
Eine passende tiefe Eisenpfanne einfetten und die Hälfte der Sardinen mit dem Rücken nach unten hineinlegen und die Hälfte der Reis-Zwiebel-Mischung daraufgeben. Nun die andere Hälfte der Sardinen in die Pfanne schichten und wieder mit Reis bedecken, mit gehackter Petersilie bestreuen und mit dem Zitronensaft begießen. Die Pfanne mit einem Deckel oder Alufolie verschließen und im vorgeheizten Backofen auf mittlerer Stufe etwa 35 Minuten dünsten.

Rote Meerbarbe mit Knoblauch

Sarimsakli Barbunya

1 kg rote Meerbarbe
4 Knoblauchzehen
500 g Tomaten
5 Peperoni, nicht zu scharf
1 Bund Petersilie
½ TL Salz
½ TL weißer Pfeffer
2 EL Mehl
2 EL Butter
Saft von 1 Zitrone

Die roten Meerbarben schuppen, Flossen entfernen und ausnehmen. Den Fisch waschen und trockentupfen, mit der Hälfte des Zitronensaftes säuern und in Mehl wenden. Im erhitzten Olivenöl von beiden Seiten braten. In einer Pfanne die Butter zerlassen und die Peperoniringe mit dem feingeschnittenen Knoblauch dünsten, die geschälten Tomaten hinzufügen, kurz umwenden und würzen.

Die gebratene rote Meerbarbe in eine ovale feuerfeste Form legen und darüber die gedünsteten Peperoni und Tomaten verteilen und mit Zitronenscheiben bedecken. Die Form mit Alufolie verschließen und im vorgewärmten Ofen bei mittlerer Hitze etwa 10 Minuten ziehen lassen.

Innereien

Gebratenes Schafshirn

Beyin Tavasi

3 Schafshirne
1 Tasse Mehl
2 Eier
$1\frac{1}{2}$ TL Salz
1 Prise Pfeffer
1 Prise Basilikum
$\frac{3}{4}$ l Wasser
2 EL Essig
1 Stengel Dill
1 Zitrone

Zuerst die Häutchen entfernen und die Hirne waschen. In einem Topf das Wasser mit Salz und Essig erhitzen und die Hirne ca. 15 Minuten kochen, herausnehmen und kalt stellen.
Das gekochte Hirn in Scheiben schneiden.
In einer Schüssel oder einem tiefen Teller die Eier mit Salz, Pfeffer und Basilikum kräftig verschlagen, das Mehl auf einen andern flachen Teller geben. Olivenöl in der Pfanne erhitzen. Die Hirnscheiben zuerst in Mehl wenden, danach in die Eimischung tauchen und dann in der Pfanne auf beiden Seiten goldbraun braten. Auf einem Teller mit 3 Zitronenscheiben anrichten.
Wenn Sie kein Schafshirn haben oder mögen, können Sie auch Rinder- oder Kalbshirn verwenden.

Hirnpuffer

Beyinli Mücver

2 Kalbshirne
3 Eier
1 Tasse Mehl
80 g Schafkäse
1 mittelgroße Zwiebel, geviertelt
¼ Bund Dill, gehackt
1 TL Salz
½ TL weißer Pfeffer aus der Mühle
¼ TL Paprikapulver
⅕ l Olivenöl oder Pflanzenöl
1 EL Essig

Zuerst die Kalbshirne enthäuten, waschen und ca. 2 Stunden in einer Schüssel mit kaltem Wasser liegen lassen. Das Wasser zwischendurch immer wieder erneuern, damit alles Blut entfernt wird.

In einen Kochtopf füllen Sie Wasser und fügen Salz und Essig hinzu, geben die Zwiebelviertel hinein und kochen die Kalbshirne ca. ½ Stunde. Auf einem Sieb abtropfen lassen und auf einen flachen Teller geben. Mit dem Gabelrücken die Hirne musen. In einer anderen Schüssel den Schafkäse mit der Hand zerkleinern oder mit einer Gabel zerdrücken. Die Eier schlagen, mit Dill, Pfeffer und Paprika würzen, Kalbshirn und Mehl hinzufügen und mit dem Schneebesen das Ganze kräftig umrühren, bis eine flüssige Masse entsteht.

In einer Pfanne das Öl erhitzen und mit einem Eßlöffel kleine Mengen von der Hirnmasse abnehmen, nebeneinander in die Pfanne setzen und von beiden Seiten goldbraun werden lassen.

Sollte die Masse zu dick bleiben, können Sie etwas Wasser zusetzen und nochmals etwas nachwürzen.

Anstatt Schafkäse können Sie auch einen anderen türkischen oder sonstigen Hartkäse geraspelt verwenden.

Gebackenes Kalbsbries

Uykuluk Firinda

500 g Kalbsbries
4 Lauchzwiebeln
1 EL Butter
1 Bund Dill
¼ TL Salz
¼ TL schwarzer Pfeffer
1 Lamm-Netzmagen

Zuerst das Kalbsbries in einem Topf mit kaltem Wasser aufsetzen und bei mittlerer Hitze zum Aufwallen bringen, 3 Minuten später das Bries mit einem Schaumlöffel aus dem Wasser nehmen und mit kaltem Wasser abschrecken, abtropfen lassen und Häutchen entfernen.
Den Netzmagen eine Weile in lauwarmem Wasser einweichen und auf der Arbeitsplatte ausbreiten. Die Lauchzwiebeln putzen und in dünne Ringe schneiden, Dill vom Stengel zupfen, waschen, abtropfen lassen und wiegen.
Kalbsbries, Lauchzwiebelringe, Dill, weiche Butter, Salz und Pfeffer vermengen und auf den Netzmagen legen und zu einem kleinen Laib formen. Im Ofen ca. 45 Minuten bei mittlerer Hitze goldbraun backen — gleich servieren.

Paniertes Kalbsbries

Uykuluk Pane

500 g Kalbsbries
2 EL Mehl
2 Eier
200 g Paniermehl oder Semmelbrösel
1/4 TL Salz
1/2 TL weißer Pfeffer aus der Mühle
4 EL Butter
4 EL Olivenöl

Kalbsbries zunächst ca. 15 Minuten ankochen, waschen und abtropfen lassen und mit Salz und Pfeffer würzen. Butter in einer Pfanne schmelzen und das Olivenöl hinzugeben. Die Eier in eine nicht zu tiefe Schüssel aufschlagen, Mehl und Paniermehl jeweils auf einen gesonderten Teller geben. Das Bries erst im Mehl wenden, in die verschlagenen Eier tauchen, im Paniermehl wenden und in das erhitzte Fett geben. Kalbsbries von beiden Seiten gut braten.
Als Beilage empfehle ich Ihnen Lauchzwiebelsalat.

Gebratene Widderhoden

Koc Yumurtasi Tavasi

4 Widderhoden
1 Tasse Mehl
2 Eier
Salz
Pfeffer
Basilikum
1/8 l Olivenöl
1 Stengel Dill
1/2 Zitrone in Scheiben

Zuerst die Häutchen von den Hoden entfernen und die Hoden waschen, abtropfen lassen und der Länge nach in ca. 1 cm dicke Scheiben schneiden.
In einer Schüssel oder einem tiefen Teller die Eier mit Salz, Pfeffer und Basilikum kräftig verschlagen, das Mehl auf einen anderen flachen Teller geben. Olivenöl in der Pfanne erhitzen. Die Hodenscheiben zuerst in Mehl

wenden, danach in die Eier tauchen und dann in der Pfanne auf beiden Seiten goldbraun braten. Aus der Pfanne nehmen und auf Tellern mit Zitronenscheiben und Dill anrichten.

Gebackene Lammleber im Netzmagen

Ciger Sarmasi

1 Lammleber
1 Lamm-Netzmagen
125 g gekochter Reis
5 Lauchzwiebeln
1 Ei
1 Eidotter
1 Bund Dill
2 Stengel Pfefferminze
¼ TL Salz
¼ TL schwarzer Pfeffer
1 Prise Cumin
1 Prise Piment
1 EL Butter

Zuerst die Lammleber waschen, abtropfen lassen und in sehr kleine Würfel schneiden. Lauchzwiebeln putzen und in Ringe schneiden.
In einem Topf die Butter flüssig werden lassen.
Dill und Pfefferminzblätter wiegen.
In einer Schüssel Leber, gekochten Reis, Lauchzwiebelringe, gehackten Dill und Pfefferminze, Salz, Pfeffer, Cumin, Piment, flüssige Butter und Ei vermischen.
Den Lamm-Netzmagen erst in lauwarmem Wasser einweichen und dann auf der Arbeitsfläche ausbreiten.
Die Lebermasse auf den Lamm-Netzmagen legen und einen kleinen Laib formen. Mit Ei bestreichen und im Ofen bei mittlerer Hitze ca. 45 Minuten goldgelb backen.
Sie können sich das Würfeln der Leber ersparen, wenn Sie einen Fleischwolf benutzen.
Wenn es Ihnen lieber ist, können Sie den Lamm-Netzmagen auch in ca. 10 × 10 cm große Quadrate schneiden und für jede Person eine eigene Portion herstellen.

Gegrillte Widderhoden

Koc Yumurtasi Izgarasi

4 Hoden
1 kleine Zwiebel
1 Prise Salz
1 Prise weißer Pfeffer
1 Prise Paprikapulver
1 Prise Oregano
2 EL Olivenöl

Die Häutchen von den Hoden entfernen und die Hoden waschen. Zunächst halbieren und dann der Länge nach durchschneiden. In jede Hälfte nochmals eine tiefe Öffnung schneiden und das Fleisch in eine Schüssel legen.
In eine andere Schüssel die Zwiebel raspeln, Öl, Salz, Pfeffer und Paprika sowie Oregano hinzufügen und diese Paste gut in das Hodenfleisch einreiben und dann ca. 1 Stunde ruhen lassen.
Auf einem Holzkohlengrill das Fleisch von beiden Seiten ca. 7 Minuten garen.

Gegrillte Lammleber

Kuzu Cigeri Izgarasi

2 Lammlebern
1 mittelgroße Zwiebel
¼ TL Salz
1 Prise schwarzer Pfeffer
½ TL Thymian
1 Prise Paprikapulver
1 Prise Cumin
1 Knoblauchzehe
4 EL Olivenöl

Für die Beilage:
1 Zwiebel
3 Stengel Petersilie
Salz
Olivenöl

Zuerst die Lammlebern unter kaltem Wasser waschen, abtropfen lassen und in schräge Scheiben schneiden. In eine Schüssel Zwiebel und Knoblauch raspeln und mit Salz, Paprikapulver, Thymian, Cumin und Olivenöl eine

Marinade herstellen. Die Lammlebern ca. 1 Stunde in dieser Marinade ziehen lassen.
Abtropfen lassen und auf dem Holzkohlengrill von beiden Seiten leicht rösten.
Sie können natürlich ebensogut Rinder- oder Kalbsleber verwenden. Genausogut können Sie einen elektrischen Grill benutzen.
Für die Beilage die Zwiebel schälen, in Streifen schneiden und in einem tiefen Teller mit Salz gut verarbeiten, dann die gewaschene und abgetropfte Petersilie und das Öl untermischen. Statt Zwiebel können Sie auch Lauchzwiebel verwenden, diese in dünne Ringe schneiden. Auf die Petersilie können Sie dann verzichten.

Lammleber am Spieß

Kuzu Ciger Kebabı

1 Lammleber
1 mittelgroße Zwiebel
¼ TL Salz
¼ TL schwarzer Pfeffer
1 TL Thymian
1 Prise Cumin
4 EL Olivenöl

Zuerst die Lammleber waschen und mit Küchenkrepp trockentupfen, dann das Fleisch in etwa 1,5 cm große Würfel schneiden.
Die Zwiebel schälen, in eine Schüssel raspeln und aus Salz, Pfeffer, Thymian, Cumin und Olivenöl eine Marinade herstellen, die geschnittenen Leberwürfel hineingeben und mit einem Löffel gut umrühren. Mindestens 1 Stunde ruhen lassen, dann auf einen Spieß stecken und bei mittlerer Hitze von beiden Seiten grillen.
Als Beilage entweder Streifen von roten Zwiebeln mit Öl oder eine scharfe Tomatensauce reichen.

Gebackene Lammleber im Netzmagen nach Hofart

Saray Usulu Ciger Sarmasi

1 Lammleber, feingewürfelt
1 Lamm-Netzmagen
100 g Reis
4 Lauchzwiebeln
2 EL Butter
1 Eidotter
10 g Pinienkerne
10 g Korinthen
1 Bund Dill
2 Stengel Pfefferminze
$\frac{1}{4}$ TL Salz
$\frac{1}{4}$ TL schwarzer Pfeffer
$\frac{1}{4}$ TL Piment
1 Prise Cumin
1 Prise Cayennepfeffer
$\frac{1}{5}$ l Wasser

Reis, Zwiebel und Pinienkerne in zerlassener Butter kurz glasig werden lassen, mit Wasser ablöschen und 2 Minuten unter ständigem Rühren zum Kochen bringen, mit Salz, Pfeffer, Piment, Cumin, Cayennepfeffer und Korinthen abschmecken und bei geschlossenem Deckel auf kleinster Flamme ca. 15 Minuten dünsten.
In einer Schüssel die Leber, gehackten Dill und Pfefferminze mit dem gekochten Reis vermengen, auf den Lamm-Netzmagen geben und einen kleinen Laib formen, mit Ei bestreichen und ca. 40 Minuten bei mittlerer Hitze im Ofen goldgelb backen.

Lammnieren am Spieß

Kuzu Böbrek Kebabı

4 Lammnieren
4 Peperoni, nicht zu scharf
1 kleine Zwiebel
1 Prise Salz
1 Prise schwarzer Pfeffer
1 Prise Cumin
1 TL Thymian
4 EL Olivenöl

Die Lammnieren von der breiten Fläche her durchschneiden, vorsichtig die Adern mit einem Messer herausschneiden und die Nieren unter kaltem Wasser gründlich waschen und mit Küchenkrepp trockentupfen.

Eine Marinade herstellen, wie unter »Lammleber am Spieß« (S. 101) beschrieben, und die Lammnieren mindestens 2 Stunden marinieren. Schlanke, nicht zu scharfe Peperoni waschen, in dicke Ringe schneiden und die Lammnierenstücke abwechselnd mit den Peperoni auf 4 Spieße stecken und von jeder Seite 3—4 Minuten auf dem Holzkohlengrill oder bei mittlerer Hitze im Ofen grillen.
Als Beilage entweder Streifen von roten Zwiebeln mit Öl oder eine scharfe Tomatensauce reichen.

Gedünstete Lammnieren

Böbrek Sote

4 Lammnieren
1 Zwiebel
2 EL Butter oder Margarine
2 mittelgroße Tomaten
1 Bund Dill
4 Peperoni oder 1 grüne Paprikaschote
1/4 TL Salz
1/4 TL schwarzer Pfeffer
1/4 TL Thymian
1 Stengel Basilikum
1/8 l trockener Rotwein

Die Lammnieren von der Mitte her durchschneiden, die Adern entfernen, waschen und in ca. 1,5 cm große Würfel schneiden.
Die Zwiebel schälen und in Streifen schneiden.
Die Peperoni putzen und in dünne Ringe schneiden.
Die Butter in einer Pfanne erhitzen und zuerst die Peperoniringe, dann die Zwiebelstreifen goldgelb braten, die Lammnieren-Würfel beifügen und kurz umwenden. Dann die Tomaten unterrühren und mit Salz, Pfeffer und Thymian abschmecken. Mit dem Rotwein ablöschen und ca. 7 Minuten auf kleiner Flamme dünsten.
Bevor Sie das Gericht auf Teller füllen, gehackten Dill und Basilikum untermischen.

Gefüllte Lammdärme

Kokereç

1 Lammherz
1 Lammlunge
1 Lammleber
Lammdärme
Salz
Pfeffer
Paprika
Thymian
1 geraspelte Zwiebel

Herz, Lunge und Leber werden in Scheiben geschnitten und in einer tiefen Schüssel mit Salz, Pfeffer, Thymian und der geraspelten Zwiebel ca. 2 Stunden mariniert.
Die marinierten Innereien auf Grillspieße stecken und eine Rolle formen, die mit den Lammdärmen umwickelt wird. Im Grill von allen Seiten rosig braten.

Hackfleisch

Hacksteak am Spieß, Adana-Art

Adana Kebab

300 g Hammelhackfleisch
300 g Kalbshackfleisch
1 EL Koriander
1 EL Paprikapulver, scharf
1 TL Cumin
1 TL Piment
1 TL getrocknete Petersilie
1 EL Olivenöl
2 Zwiebeln
½ Bund Petersilie
4 kleine Tomaten
4 scharfe Peperoni
1 Prise Salz
1 EL Sumach
1 Kaki-Frucht (Sharon-Frucht)

Zum Anrichten:
4 Fladenbrote

Das Hackfleisch (Hammel- und Kalbshack) in einer Schüssel mit den Gewürzen gut vermengen und einen Teig kneten. Diesen ca. 10 Minuten ruhen lassen. Danach die Hackfleischmasse in 8 Portionen teilen und auf etwas breitere lange Spieße stecken, indem Sie zunächst den Kloß auf den Spieß schieben und ihn dann vorsichtig mit der Hand auseinanderdrücken, so daß der Spieß vom Fleischteig umschlossen ist. Zwischendurch immer wieder die Hände mit kaltem Wasser anfeuchten, damit das Fleisch nicht an den Fingern kleben bleibt. Mit den Fingerspitzen kleine Wellen in das Fleisch drücken.
Den Grillrost mit Olivenöl bepinseln und die Hacksteakspieße auf beiden Seiten bei mittlerer Hitze grillen.
Inzwischen die Zwiebeln schälen, und in Streifen schneiden. Die Zwiebelstreifen mit Petersilie, Salz und Sumach

mischen. Tomaten und Peperoni grillen und die Fladenbrote aufrösten, wenn sie nicht mehr warm aus dem Ofen sein sollten.
Zum Servieren Fladenbrot auf den Teller legen, darauf das Hacksteak und eine gegrillte Tomate geben, Peperoni herumlegen und die Zwiebelmischung darüber verteilen und zum Schluß mit etwas Kakisaft begießen.
Sie können die Tomaten und Peperoni auch mit am Spieß grillen.

Frauenschenkel

Kadin Budu Köfte

500 g Hackfleisch vom Lamm, Hammel oder Rind
1 TL Margarine
2—3 Zwiebeln
1 Tasse Reis
1 TL Salz
1 TL Pfeffer
1 TL Paprika
1 Tasse Paniermehl
2 Eier
Olivenöl

Den Reis ca. 15 Minuten garen, anschließend auf einem Sieb abtropfen lassen. Die Hälfte der feingehackten Zwiebeln in der Margarine in einer Pfanne leicht andünsten. Die Hälfte des Hackfleisches dazugeben und unter ständigem Rühren mit einer Gabel in den angedünsteten Zwiebeln schmoren. Mit Pfeffer und Salz abschmecken. Den Rest des Hackfleisches, die zerkleinerten Zwiebeln, Pfeffer, Salz und Paprika mit dem gekochten Reis gut durchkneten. Aus dieser Masse flache Ovale formen und mit dem angeschmorten Hackfleisch füllen und gut zusammendrücken. Die entstandenen Buletten erst in Paniermehl, dann in geschlagenem Eigelb wenden und in dem erhitzten Olivenöl in einer Pfanne auf beiden Seiten anbraten. Bei schwacher Hitze zugedeckt fertigschmoren.

Rinderhacksteak mit Tomaten

Salcali Köfte

600 g Rinderhack
2 Scheiben altbackenes Toast- oder Weißbrot ohne Rinde
3 Zwiebeln
1 Bund Petersilie
4 Fleischtomaten
1½ TL Salz
1½ TL schwarzer Pfeffer
1 TL Paprikapulver, scharf
¼ TL Cumin
¼ TL Piment
1 TL Thymian
¼ TL Koriander
3 EL Butter
1 EL Olivenöl
1 EL Tomatenmark
2 Glas heißes Wasser

In einer Schüssel oder einem tiefen breiten Tonteller das Rinderhack, eingeweichtes Brot, geschälte und geraspelte Zwiebeln vermengen und die Gewürze gut in den Teig einarbeiten. Den fertig gekneteten Teig etwa 30 Minuten ruhen lassen. Inzwischen die Tomaten schälen und kleinhacken.
Aus dem Fleischteig kleine runde Fladen mit etwa 5 cm Durchmesser formen. Butter und Olivenöl in einer Pfanne erhitzen. Die Rinderhacksteaks nach und nach in das heiße Fett geben und von beiden Seiten hellbraun braten, mit Tomaten bedecken und mit gehackter Petersilie bestreuen. Das Tomatenmark mit etwas Wasser verdünnen und über die Hacksteaks gießen. Bei geschlossenem Deckel ca. 30 Minuten auf kleiner Flamme dünsten.

Bällchen mit Pfefferminze

Naeli Köfte

500 g Rinder- oder Hammelhack
2 mittelgroße Zwiebeln
1 EL getrocknete Pfefferminze
1 EL Paprikapulver, scharf
1 TL Cumin
1½ TL Salz
5 EL Fleischtomaten
5 Knoblauchzehen
1 Bund Petersilie
1 EL Butter
1 EL Oliven- oder Pflanzenöl

Rinderhack mit geraspelter Zwiebel, Salz, Cumin, Paprikapulver und zerriebener Pfefferminze vermengen und etwa 5 Minuten gut durchkneten. Aus der Hackfleischmasse etwa walnußgroße Bällchen formen und in einem Topf mit ca. ½ l Wasser ungefähr 15 Minuten auf kleinster Flamme ziehen lassen. Mit einem Schaumlöffel aus dem Wasser nehmen und den Sud aufbewahren. Inzwischen in einer Pfanne Butter und Öl erhitzen, zerdrückte Knoblauchzehen, geschälte und geviertelte Tomaten dünsten, salzen und über den gegarten Hackbällchen verteilen. Mit gehackter Petersilie bestreuen. Etwa ⅕ l der Brühe über die Fleischbällchen mit den Tomaten gießen und bei geschlossenem Deckel noch ca. 5 Minuten auf kleinster Flamme ziehen lassen. Heiß servieren.
Das Hackfleisch läßt sich besser formen und bleibt auch nicht an den Händen kleben, wenn Sie sich eine Schüssel mit kaltem Wasser bereitstellen, in das Sie zwischendurch immer wieder die Hände eintauchen. Eine andere Möglichkeit, das Kleben zu vermeiden, ist es, die Handinnenflächen dünn mit Öl zu bestreichen.

Gefüllte Kalbfleischklopse

Içli Köfte

600 g Kalbshackfleisch
200 g eingeweichte Weizengrütze
2 Eier
200 g Hammelhackfleisch
2 Zwiebeln
3 EL Butter oder Margarine
200 g Walnußkerne, grob gemahlen
1 Bund Petersilie
2 TL Salz
2 TL weißer Pfeffer
1 TL Thymian
1 TL Koriander
½ TL Cumin
2 TL Rosenpaprika

Das Kalbshackfleisch mit der eingeweichten Weizengrütze, Eiern, 1½ TL Salz, 1½ TL Pfeffer, Thymian, Koriander, Cumin und 1½ TL Rosenpaprika vermengen und etwa 15 Minuten durchkneten.
In einer Pfanne das Fett zerlassen, 200 g Hammelhackfleisch und die geschälte und gewürfelte Zwiebel darin schmoren, abkühlen lassen und mit gehackter Petersilie, dem restlichen Salz und Pfeffer und grobgemahlenen Walnußkernen vermengen.
Aus der Hackfleischmasse mit der Hand kleine Klöße formen, mit dem Daumen eine Mulde eindrücken und jeweils einen Eßlöffel von der Hammelhackfleischmasse hineingeben. Die Öffnung wieder verschließen. — Das Hackfleisch bleibt nicht an den Händen kleben, wenn Sie Ihre Finger immer wieder mit Wasser anfeuchten. — Die gefüllten Fleischklopse in kochendes Wasser geben und garen lassen.
Das Fleisch ist gar, wenn die Klopse von selbst an die Wasseroberfläche kommen, dann mit einer Schaumkelle aus dem Sud nehmen und gleich anrichten.
Anstatt die Fleischklopse in Wasser ziehen zu lassen, können Sie diese auch in Mehl wenden und in geschlagenes Ei tauchen und dann in der Pfanne mit Butter oder Margarine goldbraun braten.

Türkischer Hackbraten

Fırın Köftesi

1 kg Rinderhack
3 Zwiebeln, geschält, fein gewürfelt
2 Eier
3 Weiß- oder Toastbrotscheiben, ohne Rinde
3 Knoblauchzehen, zerdrückt
3 Fleischtomaten, geschält, kleingeschnitten
1 Bund Petersilie, feingehackt
1½ TL Salz
1½ TL Pfeffer, schwarz
1½ TL Thymian
½ TL Cumin
1 EL Olivenöl
5 EL Butter

Das Rinderhack in einer großen Schüssel mit den Zwiebeln, Eiern, eingeweichten Brotscheiben, Knoblauch, Petersilie, Salz, Pfeffer, Thymian und Cumin vermengen und ca. 5 Minuten kneten und zu einem Laib formen. Im Schmortopf die Butter zerlassen und zusammen mit dem Olivenöl erhitzen, den Hackfleischlaib vorsichtig hineinsetzen und von beiden Seiten anbraten. Dann den Hackbraten in eine feuerfeste Form geben, kleingeschnittene Tomaten um das Hackfleisch herum legen, mit 1 Glas Wasser angießen und den Bratenfond vom Anbraten ebenfalls hinzugeben.
Die Schmorpfanne oder feuerfeste Form in den vorgeheizten Ofen schieben und bei mittlerer Hitze etwa 35—40 Minuten weiterbacken. Zwischendurch den Hackbraten immer mal wieder mit der Bratenflüssigkeit aus der Form begießen. Zum Servieren den Hackbraten in ca. 1½ cm dicke Scheiben schneiden.
Sollte die Oberfläche des Bratens beim Backen zu schnell bräunen, legen Sie bitte ein eingefettetes oder angefeuchtetes Blatt Pergamentpapier über das Fleisch. Eine andere Möglichkeit ist es, nach dem Anbraten das Fleisch vorsichtig ganz und gar in Pergamentpapier einzuwickeln, dann bleibt der Braten saftiger.

Gebratenes Tatar

Parmak Köfte

600 g Beefsteakhack
3 Zwiebeln
2 Scheiben Toast- oder Weißbrot ohne Rinde
2 Eier
1 Bund Petersilie
1 TL Salz
1 TL weißer Pfeffer
½ TL Thymian
½ TL Paprikapulver
½ TL Piment
Olivenöl zum Braten

Das Beefsteakhack mit geraspelten Zwiebeln, eingeweichtem Brot, Eiern, feingehackter Petersilie, Salz, Pfeffer, Thymian, Paprika und Piment mischen, ca. 10 Minuten kneten und etwa zeigefingergroße Würste formen. Olivenöl in die Pfanne geben, erhitzen und auf mittlerer Hitze die Hackfleischwürstchen von allen Seiten braten. Sie können die Parmak Köfte heiß oder kalt servieren.

Hacksteak mit Knoblauch

Sarımsaklı Köfte

500 g Rinderhack
8 Knoblauchzehen, geraspelt
1 TL Cumin
1 TL Salz
1 TL schwarzer Pfeffer
1 Bund Petersilie
½ TL Thymian
⅛ l Olivenöl

In einer großen Schüssel Rinderhack, Knoblauch, Cumin, Salz, Pfeffer, Petersilie und Thymian miteinander vermengen. Mit der Hand etwa eigroße Bällchen aus dem Hackfleisch formen und flachdrücken. Olivenöl in der Pfanne erhitzen und bei mittlerer Hitze die Hacksteaks von beiden Seiten braun brutzeln lassen.

Hacksteak aus Kayseri

Kayseri Köftesi

500 g Hammelhack
2 Zwiebeln
1 Ei
1 Bund Petersilie
1 Weißbrotscheibe, altbacken, ohne Rinde
500 g Kartoffeln
500 g Tomaten
1½ TL Salz,
1 TL Cumin
1 TL schwarzer Pfeffer
½ TL Koriander
½ TL Thymian
½ TL Piment
3 EL Olivenöl
½ Tasse Wasser

Zuerst das Hammelhack mit den geschälten und geraspelten Zwiebeln, der eingeweichten Weißbrotscheibe, dem Ei, ½ Bund feingehackter Petersilie, Salz, Cumin, Pfeffer, Koriander, Thymian, Piment, 1 EL Olivenöl und ½ Tasse Wasser gut verkneten, dann den Fleischteig ruhen lassen.
Inzwischen die Kartoffeln waschen, schälen und in ca. 3 mm dicke Scheiben schneiden. In der Pfanne 2 EL Olivenöl erhitzen, die Kartoffelscheiben darin ganz kurz anbraten und in einer feuerfesten Form nebeneinander legen. Auf jede Kartoffelscheibe ein etwa 2 cm dickes Stück Hackfleisch (von Hand geformt) legen.
Die Tomaten waschen und in Scheiben schneiden. Das Hackfleisch mit den Tomatenscheiben bedecken und die feuerfeste Form in den Ofen stellen. Bei mittlerer Hitze ca. 15—20 Minuten garen. Vor dem Servieren die restliche gehackte Petersilie über das Gericht streuen.

Rinderhackbällchen mit Auberginen

Patlıcanlı Köfte

500 g Rinderhack
2 Zwiebeln geschält, geraspelt
1 EL Paniermehl
1 Ei
1½ TL Salz
1 TL schwarzer Pfeffer
½ TL Cumin
½ TL Koriander
½ TL Thymian
1 TL Piment
½ Bund Petersilie
1 EL Butter
⅕ l Olivenöl
2 Auberginen
2 Fleischtomaten
1 Porreestange

Zunächst das Rinderhack mit den geraspelten Zwiebeln, Paniermehl, Ei, 1 TL Salz, Pfeffer, Cumin, Koriander und Piment in einer Schüssel vermengen und mindestens 5 Minuten kneten und beiseite stellen. Nun die Auberginen schälen und der Länge nach in ca. 1 cm breite Streifen, danach in Würfel schneiden. Die Würfel in eine Schüssel mit kaltem Wasser legen und ½ TL Salz hinzufügen. Porree putzen und in Ringe schneiden. Die Tomaten schälen und in kleine Stücke schneiden.
Nun aus der Hackfleischmasse kleine Kugeln mit ca. 1 cm Durchmesser formen. Die Hälfte des Olivenöls in einer Pfanne erhitzen und die Fleischbällchen darin goldgelb braten.
Das restliche Olivenöl in einer anderen Pfanne erhitzen und darin die in der Hand ausgedrückten und auf Küchenkrepp abgetropften Auberginenwürfel fritieren, mit einer Schöpfkelle aus dem Fett nehmen und in einem Topf mit zerlassener Butter zusammen mit den gebratenen Rinderhackbällchen, Tomaten und Porree und der gehackten Petersilie ca. 5 Minuten dünsten.

Köfte Hausfrauenart

Evkadını Köftesi

500 g Rinderhack
200 g gekochter Reis
2 Zwiebeln, feingewürfelt
1 Bund Dill
$1\frac{1}{2}$ TL Salz
1 TL Pfeffer
1 TL Koriander
1 TL Piment
1 TL Thymian
4 Eier
$\frac{1}{8}$ l Olivenöl
2 EL Mehl

Rinderhack, Zwiebeln, Salz, Pfeffer, Koriander, Piment, Thymian, Dill, gekochten Reis und 1 Ei miteinander verkneten und mit angefeuchteten Händen kleine Bällchen formen und flachdrücken, so daß sie ungefähr 5 cm Durchmesser haben. Die Hackfleischfladen in Mehl wenden und in verquirltes Ei tauchen. In einer Pfanne das Olivenöl erhitzen und die Köfte von beiden Seiten goldbraun braten.

Hacksteak auf thrakische Art

Trakya Köftesi

600 g Hammelhackfleisch
100 g Hammelnierenfett
$1\frac{1}{2}$ TL Salz
1 TL Cumin
1 TL Piment
1 TL schwarzer Pfeffer
5 Knoblauchzehen
2 TL Thymian
1 Bund Petersilie
$1\frac{1}{10}$ l Wasser
$1\frac{1}{10}$ l Olivenöl

Zuerst das Hammelnierenfett im Fleischwolf zerkleinern. Das Hammelhackfleisch mit dem Nierenfett, Salz, Cumin, Piment, Pfeffer, geriebenen Knoblauchzehen, Thymian, gehackter Petersilie und Wasser in einer Schüssel vermengen und 15 Minuten gut kneten. Die ganze Fleischmasse 1 Stunde im Kühlschrank ruhen lassen.

Die Innenflächen Ihrer Hände mit Wasser oder besser, mit Olivenöl, benetzen. Die Hackfleischmasse aus dem Kühlschrank nehmen und in etwa eigroße Stücke aufteilen und jedes Stück mit der Hand zunächst zu einer Kugel formen und dann wie kleine Fladen flachdrücken. Mit einem Pinsel mit Olivenöl bestreichen und auf dem Holzkohlengrill bei mittlerer Hitze braten. Man kann auch eine Pfanne verwenden, aber durch das Fett werden die Hacksteaks schwerer.

Gebratene Hackbällchen mit Knoblauch-Joghurt-Sauce

Sarımsak soslu Tava Köftesi

500 g Rinderhack
2 Zwiebeln, geschält, geraspelt
1 kleine Tomate, in Scheiben
1 EL Paniermehl
1 TL Salz
½ TL schwarzer Pfeffer
½ TL Cumin
½ TL Koriander
½ TL Thymian
½ Bund Petersilie
1 Stengel Dill
1/16 l Olivenöl

In einer Schüssel das Rinderhack mit der geraspelten Zwiebel, Paniermehl, Salz, Pfeffer, Cumin, Koriander, Thymian und der gehackten Petersilie vermengen und 5 Minuten kneten. Dann etwa haselnußgroße Stücke mit der Hand abteilen. (Es ist sehr hilfreich, wenn man eine kleine Schüssel mit kaltem Wasser bereitstehen hat, so daß man die Innenseite der Hände anfeuchten kann, damit das Hackfleisch nicht an den Händen klebt.) Das Olivenöl in der Pfanne erhitzen und die Hackfleischbällchen bei mittlerer Hitze braun braten. Auf 4 Tellern verteilen, mit »Joghurt-Knoblauch-Sauce« (Rezept S. 80) bedecken und mit Dill und Tomatenscheiben dekorieren.
Sie können dieses Gericht auch mit zerlassener Butter und Cayennepfeffer verfeinern.

Gedünstetes Rinderhack

Sahan Köftesi

600 g Rinderhack
3 mittelgroße Zwiebeln, geschält, geraspelt
2 Weißbrotscheiben, altbacken
3 Fleischtomaten
6 Knoblauchzehen, geraspelt
1¼ TL Salz
1 TL schwarzer Pfeffer
1 TL Piment
½ TL Cumin
½ TL Koriander
½ TL Thymian
½ Bund Petersilie
3 EL Butter

In einer Schüssel das Rinderhack mit Zwiebeln, eingeweichtem Weißbrot, geraspelten Knoblauchzehen, Salz, Pfeffer, Piment, Cumin, Koriander und Thymian vermengen und einen Hackfleischteig herstellen, die Masse in etwa walnußgroße Klößchen aufteilen und flache, runde Fladen formen. In einem nicht zu tiefen Topf die Butter zerlassen und die Hackfleischstücke nebeneinander hineinlegen, darauf die gewaschenen, geschälten und in kleine Stücke geschnittenen Tomaten legen und bei geschlossenem Deckel auf kleiner Hitze ca. 30 Minuten dünsten. Vor dem Servieren mit gehackter Petersilie bestreuen.

Von Lamm bis Rind

Hammelfleischstreifen, am Spieß gegrillt

Manisa Kebabı

800 g schieres Hammelfleisch (fettarm aus der Keule)
Saft von 3 Zwiebeln
½ TL Salz
½ TL weißer Pfeffer aus der Mühle
1 TL Piment
1 TL Paprikapulver
3 Nelken
1 Prise Zimt
2 EL zerlassene Butter

Zum Anrichten:
1 Bund Lauchzwiebeln
1 Bund Petersilie
Pfeffer
Salz
1 EL Olivenöl

Das Fleisch in ungefähr 3—4 cm breite Streifen von ca. 10—12 cm Länge schneiden, mit Salz, Pfeffer und Paprikapulver einreiben und dem Saft von 3 Zwiebeln beträufeln, 1 Stunde ruhen lassen.
Zerlassene Butter mit Piment, Zimt und Nelken verrühren.
Fleischstreifen auf Spieße stecken und auf dem Rost etwa in 8—10 cm Höhe über die Hohlzkohle legen. Auf beiden Seiten mit der Buttermischung einpinseln und hellbraun grillen.
Die Lauchzwiebeln in dünne Ringe schneiden, feingehackte Petersilie, Salz, Pfeffer und Oliven daruntermischen und als Beilage zu den gegrillten Hammelfleischstreifen servieren.

Lammspieß mit Fladenbrot

Cöp Kebab

500 g Lammfleisch, möglichst aus der Keule
1 TL Salz
1 TL Pfeffer
1 TL Thymian
2 EL Olivenöl
Saft einer kleinen Zwiebel
1 Prise getrocknete Pfefferminze
8 Peperoni, nicht zu scharf
4 Fladenbrote

Lammfleisch in etwa haselnußgroße Stücke schneiden und in eine Schüssel geben, mit einer Marinade aus Salz, Pfeffer, Saft einer Zwiebel, Thymian, Pfefferminze und Olivenöl einreiben. Die gewürzten Fleischstücke auf Holz-, oder besser, Bambusspieße stecken und über glimmender Asche grillen.
Neben den Lammspießen auch die Peperoni rösten und die Fladenbrote erwärmen.
Auf jeden Teller ein Fladenbrot legen, die Lammspieße auf den Fladenbroten verteilen und mit gegrillten Peperoni servieren.

Gegrillte Lammkoteletts

Kuzu Pirzolası Izgarasi

1 kg Lammkoteletts
1 Zwiebel
2 TL Thymian
1 TL Salz
1 TL weißer Pfeffer
2 EL Olivenöl

Am einfachsten ist es für Sie, wenn Sie gleich bei Ihrem Metzgermeister von dem an der Breitseite befindlichen Knochen ein Stück entfernen und die Koteletts jeweils einmal klopfen lassen.
Die Zwiebel raspeln und in einer Schüssel mit Thymian,

Salz, Pfeffer und dem Olivenöl verrühren; die Koteletts hiermit marinieren und etwa 1 Stunde ruhen lassen.
Auf dem Rost von beiden Seiten gut grillen, insgesamt ca. 4—5 Minuten.

Gedämpfte Lammkeule

Kuzu Budu Buğulaması

1 kg Lammkeule
1 Bund Lauchzwiebeln, geputzt und halbiert
8 Knoblauchzehen, geschält
1½ TL Salz
1 TL weißer Pfeffer
1 TL Thymian
1 Möhre geputzt, in Scheiben
1 kleine Sellerieknolle, geschält, gewürfelt
3 EL Butter oder Margarine
1½ EL Mehl
3 Eigelb
Saft von 1 Zitrone
1 Bund Dill

Die Lammkeule beim Metzger in etwa eigroße Stücke zerteilen lassen. Das Fleisch in einem entsprechenden Topf anschmoren und Lauchzwiebeln, Möhre und Sellerie hinzufügen, mit Salz, Pfeffer und Thymian würzen und etwa 1½ Glas Wasser zugießen. Bei geschlossenem Deckel ca. 60—80 Minuten auf mittlerer Kochstufe garen. Zwischendurch kontrollieren, ob noch genügend Flüssigkeit im Topf ist, gegebenenfalls mit heißem Wasser ergänzen und nochmals abschmecken.
Kurz bevor das Fleisch gar ist, in einer kleinen Schüssel die Eigelb mit dem Mehl und Zitronensaft glattrühren und unter ständigem Rühren zum Fleisch geben, noch etwas simmern lassen und vor dem Servieren mit feingehacktem Dill bestreuen.

Der Sultan war entzückt

Hünkar Begendi

500 g Hammel- oder Lammfleisch in kleinen Stücken
4 Auberginen, möglichst dick
100 g Mehl
100 g geriebener Käse
½ l Milch
4 EL Margarine
1 TL Salz
½ TL Pfeffer
1 gewürfelte Zwiebel
Thymian

Das Fleisch auf größerer Flamme so lange braten, bis es keine Flüssigkeit mehr abgibt. Dabei ständig mit einem Holzlöffel umrühren. 3 EL Margarine, gewürfelte Zwiebeln, Pfeffer und etwas Thymian zugeben. Wenn die Zwiebeln goldgelb sind, ½ l Wasser angießen und noch einige Minuten auf gleicher Flamme weiterkochen lassen. Mit Salz abschmecken und ca. ½ Stunde auf kleiner Flamme stehenlassen. Währenddessen die Auberginen auf einem (Holzkohlen-)Grill so lange braten, bis sie weich sind. Dann schälen, in etwa 1 cm dicke Scheiben schneiden und in einem Topf mit dem Mehl und 1 EL Margarine unter Umrühren schmoren, die vorher erhitzte Milch, den Käse und Salz beifügen und noch ein paar Minuten auf kleiner Hitze stehenlassen. Es entsteht eine püreeartige Masse.
Beim Servieren die Fleischstücke auf das Auberginenpüree legen. Als Beilage sind geschnittene, rohe Tomaten zu empfehlen.

Anmerkung: Sollte kein original türkischer Käse zu bekommen sein (Kaschár Peinire), eignet sich auch holländischer Käse für dieses Gericht.

Lamm im Römertopf

Kuzu Kırın Kebabı

1 kg Lammfleisch aus der Keule
3 Zwiebeln, geschält, in Ringen
5 Kartoffeln, geschält, geviertelt
2 Bund Lauchzwiebeln, geputzt, in ca. 2 cm langen Stücken
1 Bund Petersilie
2 Bund Dill
6 Peperoni, in Ringen
2 Knoblauchzehen, in Scheiben
3 Tomaten, in Scheiben
5 EL Butter
1½ TL Salz
1½ TL weißer Pfeffer
1 TL Thymian
2 EL Tomatenmark

Den Römertopf zunächst in kaltes Wasser legen, damit sich die Poren vollsaugen können. In der Zwischenzeit das Lammfleisch in ca. walnußgroße Stücke schneiden und das Gemüse und die Kräuter vorbereiten.
Die Fleischwürfel in den Römertopf legen und schichtweise das Gemüse daraufgeben, mit den Zwiebeln beginnend, zwischendurch die gehackten Kräuter einstreuen. Das Tomatenmark mit einem Glas lauwarmem Wasser verdünnen, Salz und Pfeffer unterrühren und über den Topfinhalt verteilen. Den Deckel aufsetzen und im vorgeheizten Backofen etwa 1—1½ Stunden garen lassen.
Sie können dieses Gericht auch in einer Kasserolle mit gut schließendem Deckel auf kleiner Flamme auf dem Herd zubereiten.

Lammragout mit Aprikosen

Kaysısılı Kuzu Yahnisi

1 kg Lammkeule
170 g getrocknete Aprikosen
250 g Schalotten oder
2 Zwiebeln
2 Knoblauchzehen, in Scheiben
2 Möhren
3 EL Butter oder Margarine
2 EL Olivenöl
1 TL Salz
½ TL Zimt
½ TL Nelkenpulver
4 Lorbeerblätter
1 TL Thymian
½ TL weißer Pfeffer aus der Mühle
1 TL Paprikapulver
1 TL Rosenpaprikapulver
1 Schuß trockener Rotwein

Die Aprikosen 5 Stunden in heißem Wasser einweichen. Die Lammkeule in etwa eigroße Stücke zerteilen und mit Salz, Zimt, Nelkenpulver, frischgemahlenem weißen Pfeffer, Paprika- und Rosenpaprikapulver gewürzt, 4—5 Stunden ruhen lassen.
Inzwischen die Möhren putzen und vierteln und in etwa 3—4 cm lange Stücke schneiden und die Schalotten schälen.
Butter und Öl in einem Topf erhitzen und die Schalotten, Knoblauchscheiben und Möhrenstücke leicht anbraten, das Lammfleisch hinzufügen, alles zusammen ca. 5 Minuten zart anbraten.
Thymian, Lorbeerblätter hinzufügen und ¼ l heißes Wasser angießen. Das Ragout bei geschlossenem Deckel auf kleiner Flamme garen. Nach etwa 40 Minuten den Topf vom Feuer nehmen und die eingeweichten Aprikosen hineingeben und mit einem Schuß trockenen Rotwein begießen, Deckel wieder aufsetzen, den Topf auf die Flamme zurückstellen und weitere 15—20 Minuten garen.

Hammelfleisch mit Joghurt

Yoğurtlu Taskebabı

1 kg Hammelfleisch ohne Knochen
1 Bund Lauchzwiebeln, geputzt, in ca. 3 cm langen Streifen
1 Bund Petersilie
500 g Joghurt
4 Knoblauchzehen
4 mittelscharfe Peperoni, in Ringen
3 EL Margarine
1 EL Oliven- oder Pflanzenöl
2 EL Butter
1½ TL Salz
1½ TL Pfeffer
1 TL Thymian
1 TL Cayennepfeffer oder Rosenpaprika

Das Hammelfleisch in etwa 2 cm große Würfel schneiden und in einem Schmortopf bei mittlerer Hitze unter ständigem Wenden kurz anbraten. Dann das Fleisch mit Salz, Pfeffer und Thymian würzen. Olivenöl und Margarine zufügen und auf mittlerer Flamme im eigenen Saft weiterschmoren. Mit heißem Wasser ablöschen und garen, bis der größte Teil der Flüssigkeit aufgebraucht ist. Etwa 10 Minuten vor dem Anrichten die Lauchzwiebeln und Peperoni zum Fleisch geben und mitschmoren lassen.
Inzwischen die Knoblauchzehen mit einem ½ TL Salz zerdrücken und mit dem Joghurt glattrühren.
Das gegarte Fleisch auf einer Platte anrichten, mit dem Joghurt bedecken und mit in zerlassener Butter gelöstem Cayennepfeffer begießen, darüber die gehackte Petersilie streuen.

Hammelfleisch mit Kichererbsen

Nohutlu Koyuneti

1 kg Hammelfleisch mit Knochen, in Stücke zerteilt
6 Knoblauchzehen, in Scheiben
250 g Kichererbsen
2 Bund Petersilie
2 Bund Lauchzwiebeln, geputzt, in ca. 3 cm langen Streifen
2 Eier
500 g Joghurt
1½ TL Salz
1½ TL schwarzer Pfeffer
1 TL Thymian
2 EL Butter oder Margarine

Das Hammelfleisch und die Kichererbsen, die Sie zuvor über Nacht eingeweicht haben, in einem Topf mit etwa 2 l kaltem Wasser aufsetzen und aufwallen lassen. Gelegentlich den sich bildenden Schaum abschöpfen und auf mittlerer Hitze etwa eine gute Stunde kochen lassen.
Dann erst salzen und pfeffern und den Thymian zufügen. Nun die Butter, Lauchzwiebeln und Knoblauch in den Topf geben. Bei geschlossenem Deckel auf mittlerer Hitze etwa weitere 20—25 Minuten kochen lassen.
Inzwischen die Eier mit Joghurt, gehackter Petersilie und etwas Brühe aus dem Topf verquirlen. Wenn das Hammelfleisch gar ist, die verquirlten Eier langsam unter ständigem Rühren an die Brühe geben und alles noch ca. 5 Minuten leise simmern lassen.
Sollte nicht mehr genügend Brühe im Topf verblieben sein, mit heißem Wasser auffüllen und nochmals abschmecken.
Man kann das Gericht auch mit Rosenpaprika und zerlassener Butter verfeinern oder auch frische Pfefferminze verwenden.
Wenn Sie Kichererbsen aus der Konserve verwenden wollen, so geben Sie diese bitte erst kurz vor Ende der Kochzeit zum Fleisch.

Lammgulasch

Kuzu Tas Kebabı

800 g Lammfleisch
2 Zwiebeln
4 Lauchzwiebeln
3 Fleischtomaten
1½ TL Salz
1 TL schwarzer Pfeffer
½ TL Cayennepfeffer
1 Bund Petersilie
4 Lorbeerblätter
1 grüne Paprikaschote
4 Knoblauchzehen
3 EL Margarine
2 EL Tomatenmark

Zuerst das Lammfleisch in ca. 2 cm große Würfel schneiden, die Zwiebeln schälen und in Streifen schneiden, die Lauchzwiebeln waschen und in Ringe schneiden. Die Paprikaschote von den Kernen befreien und dann in ca. 2 × 3 cm große Rechtecke teilen. Die Knoblauchzehen schälen und in dünne Scheiben schneiden. Die Lammfleischwürfel in einen Topf geben und bei starker Hitze einige Minuten unter ständigem Wenden mit einem Holzlöffel anbraten, damit das Fleisch seine Flüssigkeit und Fett verliert. Dann die Margarine, Paprikastücke, Zwiebelstreifen, Lauchzwiebelringe und Knoblauchscheiben in den Topf geben und nochmals 1 Minute bei geschlossenem Deckel andünsten, damit das Zwiebel- und Paprikaaroma erhalten bleibt.

Inzwischen die Fleischtomaten schälen und reiben. Das Tomatenmark mit Wasser verdünnen und die Tomaten und das Tomatenmark in den Topf geben und mit ½ l Wasser löschen, würzen und nochmals umrühren. Auf kleiner Flamme kochen lassen und gelegentlich den Deckel abnehmen und mit einer Gabel probieren, ob das Fleisch gar ist. Sollte zuviel Flüssigkeit verkocht sein, geben Sie etwas heißes Wasser hinzu. Bevor Sie den Topf vom Herd nehmen, streuen Sie gehackte Petersilie über das Gericht und lassen den Deckel noch einige Minuten auf dem Topf.

Gedünstete Lammkoteletts

Sahan Pirzolasi

1 kg Lammkoteletts
1 Bund Lauchzwiebeln, geputzt, in Ringen
3 Fleischtomaten, geschält, gewürfelt
3 Peperoni, nicht zu scharf, in Ringen
3 Knoblauchzehen, in dünnen Scheiben
1 TL Salz
1 TL schwarzer Pfeffer
2 TL Thymian
½ TL Cumin
2 EL Olivenöl
2 EL Butter
1 Bund Petersilie
1 Glas Tomatensaft

Das Olivenöl in einer Pfanne erhitzen, die Lammkoteletts von beiden Seiten anbraten, dann wieder aus der Pfanne nehmen. Eine feuerfeste Form vorbereiten und die Koteletts nebeneinander hineinlegen. In einer anderen Pfanne Butter zerlassen und das Bratfett von den Lammkoteletts durch ein Sieb zu der zerlassenen Butter geben. Knoblauch, Lauchzwiebelringe und Peperoni darin andünsten und würzen. Die Tomaten hinzugeben und mit dem Tomatensaft etwa 5 Minuten weiterdünsten, dann die vorbereiteten Lammkoteletts damit bedecken und im vorgeheizten Backofen etwa 30—35 Minuten zu Ende garen. Mit gehackter Petersilie bestreut servieren.

Pfanne aus Ankara

Ankaras Tavası

1 kg Lammkeule
1 EL Margarine
100 g kleine Zwiebeln
1 Tasse frische Erbsen
100 g Mohrrüben
1 TL Salz
½ TL Pfeffer
500 g Joghurt
100 g Mehl
2 geschlagene Eigelb
1 Zitrone
Knoblauch

Lammkeule mit Knoblauch (nach eigenem Ermessen!), Salz und Pfeffer einreiben, in einer großen Pfanne auf jeder Seite 5 Minuten in der Margarine anbraten und mit Zitronensaft beträufeln. Danach ca. 1 Stunde lang in 1 l Wasser kochen. Nach ½ Stunde die in dünne Scheiben geschnittene Mohrrübe, Zwiebeln und Erbsen hinzufügen. Die Brühe durch ein Sieb in einen Extratopf abgießen. Joghurt mit dem Mehl verrühren, gut in die Brühe einrühren, unter ständigem Umrühren 10 Minuten lang kochen lassen und zum Schluß die 2 Eigelb hinzufügen.
Fleisch und Gemüse in eine Pfanne legen, die Joghurtsauce darübergießen und das Ganze 10 Minuten lang im Ofen braten.
Dieses Gericht wird in den Dörfern rund um die türkische Hauptstadt vor allem bei Hochzeiten serviert. In Restaurants ist diese Spezialität nur selten zu finden.

Lammfleisch mit türkischem Dörrfleisch

Pastirmali Şiş Kebab

600 g Lammfleisch, mager
1 Zwiebel, mittelgroß, geraspelt
½ TL schwarzer Pfeffer
½ TL Salz
¼ TL Cayennepfeffer
1 TL Thymian
3 EL Olivenöl
4 kleine, feste Tomaten
2 Lorbeerblätter
250 g türkisches Dörrfleisch (Schinken) in dünnen Scheiben

Die Zubereitung dieses Gerichtes erfolgt wie beim Rezept »Gegrillter Lammspieß« (S. 128).
Anstatt der grünen Paprikaschote in Quadraten verwendet man hierbei aber das türkische Dörrfleisch (Schinken). Dadurch erübrigt sich auch die Verwendung von Knoblauchzehen.

Spießbraten Adana-Art

Adana Şiş Kebabı

600 g Lamm- oder Hammelfleisch aus der Keule
2 Zwiebeln
4 Fladenbrote
2 EL Olivenöl
1 TL Salz
1 TL schwarzer Pfeffer
1 TL Chilipulver
1 Prise Zimt
1 Prise Nelkenpulver
1 TL Thymian
Saft einer Kaki-Frucht (Sharon)
½ Bund Petersilie

Das Lamm- oder Hammelfleisch in etwa 2 cm große Stücke schneiden und in einer Schüssel mit der geraspelten Zwiebel, Salz, Pfeffer, Chilipulver, Zimt, Nelkenpulver und Thymian vermengen und etwa 2 Stunden marinieren.
Dann das Fleisch auf Spieße stecken und auf dem Rost etwa 5—6 Minuten grillen.
Inzwischen die Fladenbrote auf dem Rost auf beiden Seiten erwärmen und auf die Teller geben, hierauf die gegrillten Fleischspieße legen, mit gehackter Petersilie bestreuen und mit dem Kaki- oder Sharonsaft begießen.

Gegrillter Lammspieß

Kuzu Şiş Kebab

600 g Lammfleisch, mager
1 mittelgroße Zwiebel
½ TL Salz
½ TL Thymian
½ TL schwarzer Pfeffer
¼ TL Cayennepfeffer
2 Knoblauchzehen
3 EL Olivenöl
2 Lorbeerblätter
4 kleine, feste Tomaten
1 grüne Paprikaschote

In einer Schüssel geraspelte Zwiebel, Salz, Thymian, Pfeffer, Cayennepfeffer und die geraspelten oder geriebenen Knoblauchzehen, Lorbeerblätter und Olivenöl vermengen. Das Lammfleisch in ca. 1,5 cm große Würfel schneiden, in die Schüssel mit der Marinade geben, mit

der Hand umwenden und ca. 2—3 Stunden ziehen lassen.
Inzwischen Tomaten waschen und abtropfen lassen und jede Tomate halbieren. Die Paprikaschote putzen und waschen und auf einem Holzbrett in ca. 1,5 cm große Quadrate schneiden.
Dann 8 Holz- oder Metallspieße vorbereiten. Auf jedem Spieß abwechselnd einen Lammfleischwürfel und ein Stück Paprikaschote aufspießen, in der Mitte eine halbierte Tomate. Anschließend die Spieße auf dem Holzkohlengrill 5 Minuten von beiden Seiten grillen.

Pater-Ragout

Papaz Yahnisi

800 g Rindfleisch
3 Knoblauchzehen
400 g Schalotten
5 EL Essig
1 EL Zimt
1¼ l heißes Wasser
3 EL Butter oder Margarine
2 EL Olivenöl
3 Kartoffeln
1 kleine Sellerieknolle
6 Peperoni, nicht zu scharf, in Ringen
2 TL Salz
2 TL Paprikapulver
1 TL weißer Pfeffer
3 Fleischtomaten, geschält, geviertelt

Die Butter im Schmortopf zerlassen und das Öl erhitzen, die geschälten Schalotten und die in Scheiben geschnittenen Knoblauchzehen leicht andünsten, das gewürfelte Rindfleisch hinzufügen und alles zusammen unter häufigem Umwenden ca. 10 Minuten schmoren. Geschälte und geachtelte Sellerieknolle, Salz, Pfeffer, Paprikapulver, Zimt, Peperoniringe, Tomatenviertel und Essig hinzugeben und mit 1¼ l heißem Wasser auffüllen, alles einmal umrühren und bei geschlossenem Deckel auf leiser Flamme etwa 30 Minuten kochen, dann die geschälte und in Scheiben geschnittene Kartoffel beigeben und alles weitere 20 Minuten garen lassen.

Lammpfanne mit Joghurt-Knoblauch

Yoğurtlu Bursa Kebabı

500 g Lammkeule ohne Knochen
2 EL Margarine
1 Porreestange
Salz
weißer Pfeffer
1 scharfe Peperoni
1 TL Thymian
1 EL Butter
1 TL Paprikapulver
1 Tomate
1 Stengel Petersilie
1 Fladenbrot in Würfeln
Joghurt-Knoblauch-Sauce (Rezept S. 80)

Lammkeule in sehr dünne Scheiben schneiden, tiefgefrorene Lammkeule ohne Knochen läßt sich besser mit dem elektrischen Messer in der gewünschten Stärke schneiden. Die äußeren Blätter und die Wurzelknolle des Porree entfernen und ihn gründlich unter kaltem Wasser waschen. Von der Peperoni den Stiel und die Körner entfernen. Porree und Peperoni auf dem Holzbrett in dünne Ringe schneiden. In einer Pfanne die Margarine erhitzen und Fleischscheiben, Porree- und Peperoniringe hinzufügen und unter ständigem Wenden mit dem Holzlöffel, oder besser mit der Grillgabel, ca. 3—4 Minuten braten. Mit Salz, Pfeffer und Thymian würzen und warm stellen.
Inzwischen das Fladenbrot würfeln und in 4 feuerfeste Schüsseln verteilen, mit Joghurt-Knoblauch-Sauce bedekken und ca. 5 Minuten in den heißen Ofen stellen. In einer kleinen Pfanne Butter und Paprikapulver zerlassen.
Die Schüsseln aus dem Ofen nehmen und auf eine hitzebeständige Unterlage stellen. Die heiß gehaltene Lammkeule jeweils in die Schüsseln geben und mit der zerlassenen Butter mit Paprika begießen, vor dem Servieren mit Tomatenscheiben und zerpflückter Petersilie garnieren.
Sollte Ihnen der Geschmack von Lammfleisch nicht zusagen, können Sie ebensogut Rindfleisch verwenden.

Spindelgrill aus der Pfanne

Tava Döner Kebabı

700 g Rinderhack
300 g Beefsteak
1 Zwiebel, geschält, geraspelt
1½ TL Salz
1½ TL Pfeffer
1 TL Piment
½ TL Cumin
1 EL Joghurt
1 kleine Tasse Pflanzenöl

Das Beefsteakfleisch in 4 Scheiben teilen und mit der breiten Seite des Hackbeils ganz flach klopfen, salzen, pfeffern. 1 EL Pflanzenöl mit dem Joghurt in einer tiefen Schüssel mischen und das Fleisch damit einreiben und 4—5 Stunden liegen lassen.
Das Rinderhack mit Salz, Pfeffer, Cumin, Piment und geraspelten Zwiebeln gut mischen und zu einem Teig verkneten und in 3 Teile aufteilen. Auf ein Holzbrett zuerst eine dünne Beefsteakscheibe legen, darauf einen Teil der Hackfleischmasse verteilen, die nächste Fleischscheibe darauflegen, zusammendrücken und wieder ein Drittel des Hackfleisches daraufgeben, die nächste Fleischscheibe, wieder zusammendrücken und mit Hackfleisch belegen, zum Schluß nochmals eine Fleischscheibe darauflegen und alles in Alufolie einwickeln, das Paket ins Tiefkühlfach legen und gefrieren lassen.
Je nach Bedarf können Sie das Paket aus dem Tiefkühlfach nehmen und mit einem sehr scharfen Messer oder einer Schneidemaschine dünne Scheiben abschneiden und in Pflanzen- oder Olivenöl in der Pfanne braten.
Achten Sie bitte darauf, daß Sie zur Zubereitung nur frisches Fleisch verwenden, keine aufgetaute Tiefkühlware.

Steak à la Alanya

Alanya Biftegi

500 g Beefsteak
1 Zwiebel
2 Fleischtomaten
2 EL trockener Rotwein
2 EL Margarine
2 EL Olivenöl
½ TL Cumin
½ TL Thymian
½ TL Salz
½ TL Pfeffer
1 Prise scharfes Paprikapulver
1 Glas Fleischbrühe
100 g Erbsen (aus der Dose oder tiefgekühlt)

Das Beefsteak in 4 Scheiben schneiden und flach klopfen. Margarine und Olivenöl in die Pfanne geben und erhitzen. Das Beefsteak auf beiden Seiten kurz braten, aus der Pfanne nehmen und auf einen Teller legen. In der Pfanne dann die feingeschnittene Zwiebel glasig dünsten, geschälte, kleingeschnittene Tomaten, Thymian, Cumin, Salz, Pfeffer und Erbsen hinzufügen und mit Fleischbrühe und Rotwein ca. 10 Minuten bei geschlossenem Deckel kochen lassen. Kurz die gebratenen Beefsteakscheiben in die Sauce geben und 5 Minuten weiterkochen. Das Fleisch mit einer Gabel herausnehmen, auf Teller legen und die Sauce mit dem Gemüse über dem Fleisch verteilen.

Eier und Geflügel

Ägäisches Rührei

Mene nen

8 Eier
4 Tomaten
3 Paprikaschoten, grün
4 Zwiebeln, mittelgroß
1 TL Salz
1 TL weißer Pfeffer
1 TL Rosenpaprikapulver
1 Bund Petersilie, gehackt
4 EL Butter

Die Paprikaschoten zuerst auf dem Rost oder der Grillpfanne im Backofen rösten, in angefeuchtetes Pergamentpapier wickeln und ca. 10 Minuten liegenlassen, damit sich die Haut leicht entfernen läßt, dann in Streifen schneiden.
Die Zwiebeln schälen, halbieren und in Streifen schneiden. Die Tomaten schälen und klein hacken.
In einer Pfanne Butter zerlassen, Paprika- und Zwiebelstreifen anbraten, die gehackten Tomaten hinzufügen und bei geschlossenem Deckel ca. 5 Minuten auf kleiner Flamme dünsten. Die Eier in eine Schüssel schlagen, würzen, verquirlen und zu dem Gemüse in die Pfanne geben. Mit einer Gabel die gestockte Eimasse vom Rand aus zur Mitte heben, vermischen und zu Ende garen. Zum Servieren mit gehackter Petersilie bestreuen.
Je nach Geschmack können Sie die Paprikaschoten auch durch 8 milde Peperoni ersetzen. Sollten Sie scharfe Peperoni bevorzugen, lassen Sie das Rosenpaprikapulver fort.
Im Sommer sollten Sie Lauchzwiebeln vorziehen und dieses Gericht vielleicht sogar einmal durch frische Knoblauchzehen verfeinern.

Schafkäseomelett mit frischen Kräutern

Peynirli-Baharatili Omlet

8 Eier
200 g Schafkäse
2 Lauchzwiebeln
1 Stengel Pfefferminze
1 Stengel Kerbel
1 Stengel Basilikum
1 Stengel Petersilie
1 Stengel Dill
½ TL Salz
¼ TL weißer Pfeffer aus der Mühle
2 EL Butter

Die Eier in einer Schüssel aufschlagen, den Schafkäse raspeln oder zerbröckeln, Lauchzwiebeln in dünne Ringe schneiden und die Kräuter entstengeln und fein wiegen und alles zu den aufgeschlagenen Eiern geben, Salz und Pfeffer beifügen und die Masse mit einer Gabel kurz, aber kräftig schlagen. Die Butter in einer Pfanne zerlassen und die Eimasse hineingeben und zugedeckt bei mittlerer Hitze backen. Mit einem geschickten Wendegriff das Omelett umdrehen oder einen Bratenwender zu Hilfe nehmen und die andere Seite ebenfalls goldbraun backen.

Spiegeleier mit türkischem Schinken

Pastirmali Yumurta

8 Eier
200 g dünne türkische Schinkenscheiben (Dörrfleisch)
1 Bund Lauchzwiebeln, geputzt, in Ringen
4 Tomaten
3 EL Butter
1 TL Salz
1 TL weißer Pfeffer
1 TL Rosenpaprika
½ Bund Petersilie

Butter in einer Pfanne zerlassen, Zwiebeln und Schinkenscheiben anschmoren, geschälte und gehackte Tomaten

hinzufügen, alles 5 Minuten dünsten und würzen. Mit einer Gabel beiseite schieben, um Platz für die Eier zu schaffen, diese nach und nach in die Pfanne schlagen, mit gehackter Petersilie bestreuen und bei geschlossenem Deckel etwa 5 Minuten stocken lassen.
Wenn der Schinken sehr fettig ist, reduzieren Sie die Butter. Statt Lauchzwiebeln können Sie auch andere Zwiebeln verwenden.
Sie können die Spiegeleier auch mit türkischer Knoblauch-Hartwurst anstatt mit Schinken zubereiten.

Spiegeleier auf Paschaart

Paşa Yumurtası

8 Eier
4 Lauchzwiebeln
4 Peperoni, nicht zu scharf
4 Fleischtomaten
3 EL Butter
½ Bund Petersilie
½ TL Salz
½ TL Pfeffer
½ TL Cayennepfeffer

Lauchzwiebeln und Peperoni in Ringe schneiden und in zerlassener Butter dünsten. Die geschälten und kleingeschnittenen Fleischtomaten hinzufügen, würzen und an den Rand der Pfanne schieben, so daß Platz für die Spiegeleier wird. Diese in die Pfanne schlagen und auf kleiner Flamme nach Geschmack braten. Mit gehackter Petersilie bestreut servieren.

Pochierte Eier mit Joghurt und Knoblauch

Joğurtlu Sarimsakli Cilbir

8 Eier	*1 Prise Pfefferminze*
2 EL Butter	*4 Knoblauchzehen*
4 EL Essig	*500 g Joghurt*
1½ TL Salz	*1 TL Paprikapulver*

Pochierte Eier zubereiten, wie im Rezept »Pochierte Eier mit Hackfleisch« (s. unten) beschrieben.
Die Knoblauchzehen schälen, im Mörser zerstampfen, unter den Joghurt mischen und gut verschlagen, über die pochierten Eier auf die Teller geben.
Die Butter zerlassen und Paprikapulver und Pfefferminze hineinrühren und über die einzelnen Portionen gießen.

Pochierte Eier mit Hackfleisch

Kiymali Cilbir

8 Eier	*3 EL Butter*
250 g Rinderhack	*⅛ l Fleischbrühe*
1 EL Mehl	*1½ TL Salz*
2 geschälte Tomaten in Würfeln	*½ TL Pfeffer*
2 Stengel Petersilie, gehackt	*¼ TL Thymian*
	1 TL Paprikapulver
	4 EL Essig

In einer Kasserolle das Hackfleisch mit Butter kurz andünsten, die gewürfelten Tomaten, ½ TL Salz, Pfeffer und Thymian beifügen und unter Rühren 3 Minuten schmoren. Die Fleischbrühe in die Kasserolle gießen und einmal aufkochen lassen. Das Mehl in Wasser anrühren und langsam unter ständigem Umwenden der Hackmasse in den Topf geben, alles nochmals aufkochen und warm stellen.

In einem anderen Topf ca. 1 l Wasser mit Salz und Essig zum Kochen bringen und die Eier auf einer Untertasse aufschlagen und vorsichtig in das Wasser gleiten lassen. Ca. 5 Minuten im Wasserbad ziehen lassen, bis die Eier hart zu werden beginnen, dann mit einer Schöpfkelle herausnehmen.
Das Hackfleisch portionsweise auf Teller verteilen und die Eier daraufgeben.
In einer Pfanne die restliche Butter zerlassen, das Paprikapulver untermischen und ca. 1 Minute erhitzen und dann über die einzelnen Portionen auf den Tellern verteilen.

Pochierte Eier mit Zwiebeln

Cilbir

8 Eier
2 Zwiebeln, in feinen Streifen
3 EL Butter
4 EL Essig
1¼ TL Salz
1 Prise weißer Pfeffer
1 Prise Zimt
1 TL Paprikapulver

Zwiebel mit 1 EL Butter goldgelb braten, mit ¼ TL Salz und Pfeffer abschmecken, auf Teller füllen und warm stellen.
1 l Wasser mit Essig und 1 TL Salz zum Kochen bringen und nach und nach die Eier aufschlagen und ins kochende Wasser gleiten lassen. Sobald die Eier weiß zu werden beginnen, mit der Schöpfkelle aus dem Wasser nehmen und auf den Zwiebeln verteilen.
In einer Pfanne 2 EL Butter erhitzen, Paprika und Zimt unterrühren und langsam auf die Eier gießen.
Wenn Sie es scharf lieben, können Sie das Paprikapulver durch Cayennepfeffer ersetzen.

Pochierte Eier mit Blattspinat

Ispanakli Cilbir

Diese Variante der pochierten Eier wird ebenso zubereitet, wie »Pochierte Eier mit Zwiebeln« (S. 137).
Den Blattspinat verlesen, mehrmals gründlich waschen und abtropfen lassen. In Butter mit Zwiebel schmoren und mit Salz und Pfeffer abschmecken und auf den Tellern verteilen, Joghurt-Knoblauch-Sauce (Rezept S. 80) darüber geben und die pochierten Eier daraufsetzen.
Zum Servieren mit zerlassener Butter und Paprikapulver begießen.

Enten-Ragout

Ördek Yahnisi

1 junge Ente
500 g Schalotten
2 grüne Paprikaschoten
6 EL Butter
4 Kartoffeln
2 TL Paprika
2 TL weißer Pfeffer aus der Mühle
4 Fleischtomaten
1 TL Safran
1 Bund Dill
1 Glas trockener Weißwein
$1\frac{1}{2}$ l heißes Wasser
2 Stangen Porree, geputzt, in ca. 3 cm langen Stücken

Die Ente ausnehmen, waschen, abtropfen lassen und in 8 Stücke zerteilen.
Die Butter zerlassen und die Schalotten darin leicht dünsten, die Entenstücke zufügen und unter ständigem Wenden 10 Minuten weiterschmoren.
Dann die in Würfel geschnittenen Paprikaschoten, Porree, Salz, Pfeffer, Safran, Paprikapulver, geschälte Tomaten und das heiße Wasser in den Schmortopf geben, kurz umrühren und bei geschlossenem Deckel auf kleiner Hitze 40 Minuten weitergaren.

Nun die grob zerkleinerten und geschälten Kartoffeln zugeben und noch weitere 20 Minuten garen lassen. Kurz vor dem Servieren den Weißwein und gehackten Dill hinzufügen.
Eine beliebte Variation ist es auch, anstatt Kartoffeln eingeweichte Pflaumen zu verwenden. In diesem Fall die Wassermenge reduzieren.

Gedünstete Geflügelleber

Tavuk Ciğeri Sotesi

500 g Geflügelleber
1 Bund Lauchzwiebeln
½ TL Salz
1 TL weißer Pfeffer
1 TL scharfes Paprikapulver
4 milde Peperoni
2 Tomaten
3 EL Butter
1 EL trockener Rotwein
½ Bund Petersilie

Die Peperoni entstielen, entkernen, waschen, abtropfen lassen und in Ringe schneiden.
Die Lauchzwiebeln putzen, waschen und in Ringe schneiden.
Die Butter in einer Pfanne zerlassen, Peperoni und Lauchzwiebeln hinzufügen, einige Minuten dünsten und die Geflügelleber in die Pfanne geben, umwenden und ca. 5 Minuten weiterdünsten.
Tomaten schälen und zerkleinern und ebenfalls in die Pfanne geben, würzen, mit gehackter Petersilie bestreuen und den trockenen Rotwein hinzugeben. Alles leicht durchlockern und auf kleinster Flamme bei geschlossenem Deckel noch ca. 5 Minuten leise simmern lassen.

Geflügelleberpüree

Tavuk Ciğeri Ezmesi

500 g Geflügelleber
2 EL Butter
2 Lauchzwiebeln
½ Bund Petersilie
Saft von 1 Zitrone
½ TL Salz
½ TL Pfeffer
1 Prise Cayennepfeffer
1 EL Olivenöl

Geflügelleber waschen und abtropfen lassen. Lauchzwiebeln putzen, in dünne Ringe schneiden. Butter in einer Pfanne erhitzen, Zwiebelringe glasig dünsten, Geflügelleber braun braten und beides abkühlen lassen. Durch den Fleischwolf mit feinem Messer zerkleinern. Wenn Sie keinen Wolf haben, können Sie sicher eine Küchenmaschine benutzen.
Die Hackfleischmasse mit Salz, Pfeffer, Zitronensaft, Cayennepfeffer, Olivenöl und feingehackter Petersilie vermengen und das Püree auf einen ovalen Teller geben. Mit einem Messerrücken ca. 1 cm dick auf dem Teller ausformen und nach Geschmack garnieren. Beispielsweise mit gekochten Möhrenscheiben und einem Zweig Dill oder mit rohen Gurkenscheiben und Oliven.
Auf dieselbe Weise können Sie auch Püree aus Kalbs- oder Rinderleber herstellen. Wenn Sie Kalbsleber verwenden, sollten Sie aber vorsichtig abschmecken, weil Sie in diesem Fall etwas stärker würzen müssen.

Hähnchen mit Walnüssen

Çerkes Tavuğu

1 Hähnchen
200 g geschälte Walnüsse
½ TL Paprika
1 TL Salz
3 Tassen Hühnerbrühe
4—5 Scheiben Weißbrot
½ Bund Petersilie

Das Hähnchen gar kochen, abkühlen lassen und das Fleisch von den Knochen lösen. Die Walnüsse im Mörser feinkörnig zerreiben und kräftig durch ein Leinentuch pressen. Das herausquellende Nußöl auffangen und beiseite stellen. Das Brot in der Hühnerbrühe einweichen, ausdrücken und in einer tiefen Schüssel mit dem zerkleinerten Fleisch, den zerriebenen Walnüssen, etwas Hühnerbrühe, Salz und Paprika vermengen und mit dem Nußöl übergießen. Vor dem Servieren mit Petersilie garnieren.
Je nach Belieben kann dieses Gericht mit der verbleibenden Hühnerbrühe flüssiger oder fester gestaltet werden. Statt Hähnchen eignet sich auch Putenfleisch.

Achtung: Es beeinträchtigt dieses Gericht, wenn die Walnüsse nicht frisch sind und muffig schmecken.

Gemüsegerichte

Türkisches Allerlei mit Hammelfleisch

Türlü

500 g Hammelfleisch in Würfeln
150 g Schalotten, geschält
200 g Tomaten, in Scheiben
3 Kartoffeln, geschält, in Scheiben
250 g Schnittbohnen, geputzt, halbiert
200 g Okraschotten, geputzt
3 Auberginen, mittelgroß, geschält, in ca. 1,5 cm dicken Scheiben
3 Zucchini, geschabt, in Scheiben
3 grüne Paprikaschoten, geviertelt
2 Stangen Porree, geputzt, in 3 cm langen Stücken
1 kleine Sellerieknolle, geschält, geachtelt
1 Bund Petersilie, gehackt
6 EL Butter oder Margarine
2 TL Salz
2 TL weißer Pfeffer

In einen Topf Kartoffeln, Sellerie, Schnittbohnen, Auberginen, Zucchini, Paprikaschoten, Porree und Tomaten in der angegebenen Reihenfolge schichten.
Butter in einem Schmortopf zerlassen und die Hammelfleischstücke mit den geschälten Schalotten goldgelb dünsten. Das Fleisch mit den Schalotten über das Gemüse in dem großen Topf geben und alles mit Wasser bedecken. Auf Mittelhitze etwa 10—15 Minuten bei geschlossenem Deckel kochen. Die geputzten, gewaschenen und abgetropften Okraschoten, Petersilie, Salz und weißen Pfeffer hinzufügen und weitergaren lassen, bis die Flüssigkeit verdunstet ist.

Gefüllte Auberginen

Karni Yarik

250 g Rinderhack
2 Zwiebeln
3 Fleischtomaten
4 Peperoni, nicht zu scharf
4 Auberginen
1½ TL Salz
1½ TL Pfeffer
2 EL Butter oder Margarine
1 Bund Petersilie
1 EL Oliven- oder Pflanzenöl

Zuerst die Auberginen schälen, und zwar indem Sie jeweils einen Streifen von etwa 1 cm Breite abschälen und einen gleich breiten Streifen Schale stehenlassen. Auf einem der geschälten Streifen die Auberginen einschneiden und ca. eine ½ Stunde in Salzwasser legen.
Inzwischen in einer Pfanne Butter zerlassen, Hackfleisch und Zwiebeln goldgelb dünsten und 2 geschälte und gehackte Tomaten daruntermischen, feingehackte Petersilie hinzufügen, salzen, pfeffern und bei geschlossenem Deckel auf kleinster Kochstufe simmern lassen.
Die Auberginen aus dem Salzwasser nehmen, mit Küchenkrepp trockentupfen und im erhitzten Oliven- oder Pflanzenöl hellbraun braten, aus der Pfanne nehmen und das Fett abtropfen lassen.
Die Auberginen in einen entsprechend breiten und flachen Topf legen, so daß die Schlitze nach oben zeigen, nun mit einem Löffel die Hackmasse in das Innere der Früchte füllen, mit Tomatenvierteln verschließen und mit den Peperoni im Topf abstützen (verkeilen). Ein Glas lauwarmes Wasser angießen und auf kleiner Hitze 10 Minuten köcheln lassen.
Sie können die Auberginen auch im Backofen garen oder vor dem Füllen ankochen, anstatt sie anzubraten; diese Art der Zubereitung ist noch leichter und bekömmlicher.

Gefüllte Artischocken

Enginar Dolmasi

4 große Artischocken
250 g Rinderhack
2 Zwiebeln, gewürfelt
50 g Reis
1 Bund Petersilie, gehackt
1 Stengel Pfefferminze, gehackt
1 TL Salz
1 TL weißer Pfeffer
½ TL Piment
4 EL Margarine
Saft von 2 Zitronen
¼ l lauwarmes Wasser

Von den Artischocken zuerst die Strünke abschneiden, die äußeren welken Blätter entfernen und mit einem kleinen Löffel das mittlere Heu herausholen.
Einen Topf mit ca. 1½ l kaltem Wasser füllen, 2 EL Mehl und den Zitronensaft zufügen und umrühren. Die Artischocken hineinlegen, damit sie nicht ihre Originalfarbe verlieren und nachdunkeln.
In einer anderen Schüssel Hackfleisch, Zwiebeln, Reis, Petersilie, Dill, Pfefferminze, Salz, Pfeffer und Piment gut vermengen.
Die Artischocken mit dieser Hackmase füllen und das Gemüse in einen Topf mit Margarine setzen, so daß die Öffnung nach oben zeigt. Bei geschlossenem Deckel ca. 5—7 Minuten auf mittlerer Flamme dämpfen, dann ¼ l lauwarmes Wasser hinzufügen und bei geschlossenem Deckel ca. 35 Minuten weitergaren. Ab und zu kontrollieren, ob genügend Flüssigkeit im Topf ist, damit die Artischocken nicht ansetzen. Die Kochzeit variiert je nach Alter der Artischocken. Sie sind gar, wenn sich die Blätter leicht abzupfen lassen.
Sie können entweder etwas kaltes Wasser oder 1 EL verdünntes Tomatenmark oder 1 EL Öl zur Füllung geben, damit diese schön locker wird.
Eine Variante ist es auch, die Füllung zunächst in der Pfanne anzubraten, oder den Reis vorher zu kochen.

Gefüllte Zwiebeln

Sogan Dolmasi

8 Zwiebeln
250 g Rinderhack
½ Bund Petersilie
¼ l Fleischbrühe
3 EL Margarine
1 EL Tomatenmark

1 TL Salz
1 TL Pfeffer
1 TL getrockneter Dill
½ TL getrocknete Pfeffer-minze
½ TL Piment
½ TL Paprika
1 Ei

Zuerst die Zwiebeln schälen und unten glatt, oben einen ca. 2 cm starken Deckel oder Hut schneiden, aushöhlen und beiseite stellen. In einer Schüssel das ausgehöhlte Fleisch der Zwiebeln, Rinderhack, gehackte Petersilie, gewaschenen Reis, Salz, Pfeffer, Dill, Pfefferminze, Piment, Paprika und das Ei gut miteinander verkneten, ⅛ l Wasser zugeben, nochmals leicht verkneten und die Masse dann in die Zwiebeln füllen. Diese in einen breiten Topf oder eine Kasserolle setzen. Geschmolzene Margarine und Tomatenmark zu 1 l Wasser geben, umrühren und über die Zwiebeln gießen. Im Ofen auf mittlerer Stufe 30 Minuten garen. Ab und zu nachsehen, ob noch genügend Flüssigkeit vorhanden ist, und eventuell lauwarmes oder heißes Wasser hinzugießen.
Erfahrene Köche decken den Topf oder die Kasserolle mit Pergamentpapier ab, damit die Zwiebeln oben nicht zu dunkel werden.

Portulak mit Hackfleisch

Kiymali Semizotu

2 kg Portulak
250 g Rinderhack
3 mittelgroße Zwiebeln
2 Fleischtomaten
1 EL Reis
5 EL Butter oder Margarine
1¼ TL Salz
1 Prise Pfeffer
1 Prise Piment

Die Portulakwurzel abschneiden, welke Blätter entfernen und in einer Schüssel aus Plastik oder Metall gründlich waschen und abtropfen lassen.
In einem Kochtopf Butter oder Margarine zerlassen, geschälte und gewürfelte Zwiebeln darin glasig dünsten, das Rinderhack beigeben und mit einem Holzlöffel umwenden. Während des Anbratens ab und zu mit dem Rücken des Holzlöffels kräftig auf das Hackfleisch drükken, damit die Fleischklümpchen zerfallen.
Dann die Tomaten schälen und mit einem Hobel in den Topf raspeln und würzen. Mit einem Glas kalten Wasser ablöschen und die abgetropften Portulakblätter und den gewaschenen Reis hinzufügen. Noch einige Male kurz umwenden und bei geschlossenem Deckel auf kleiner Flamme ca. 35—40 Minuten garen lassen.

Gebratener Spinat mit Rinderhack

Tavada Isapnakli Kiyma

1 kg Spinat
200 g Rinderhackfleisch
3 EL Margarine
1 EL Öl
1 TL Salz
½ TL Pfeffer
1 Prise scharfes Paprikapulver
1 Zwiebel
4 Eier

Den Spinat putzen und in kaltem Wasser mehrmals gut waschen und in einem Topf mit Wasser kochen.

Den gegarten Spinat auf ein Sieb geben, abtropfen lassen oder mit der Küchenkelle aus dem Wasser nehmen und beiseite stellen.
In einer Pfanne Margarine, Öl und geschälte und gewürfelte Zwiebel und das Hackfleisch 5 Minuten unter Umrühren mit einer Gabel dünsten. Pfeffer, Salz und Paprika zugeben und abschmecken.
In einer tiefen Schüssel 4 geschlagene Eier und den Spinat gut vermischen und in die Pfanne zu dem Fleisch geben, unter ständigem Rühren garen.

Portulak mit Lammfleisch

Kuzu Etli Semizotu

2 kg Portulak
250 g mageres Lammfleisch in Scheiben
3 mittelgroße Zwiebeln
2 Fleischtomaten
5 EL Butter oder Margarine
1 TL Salz
½ TL Pfeffer
1 Prise Piment
¼ Bund Petersilie

Portulak mit Lammfleisch wird zubereitet, wie bei »Portulak mit Hackfleisch« (S. 146) beschrieben. Anstelle des Rinderhackfleisches verwenden Sie aber mageres Lammfleisch, in Scheiben geschnitten. Auf die Zugabe von Reis zum Portulak können Sie jetzt verzichten.
Streuen Sie vor dem Servieren gehackte Petersilie über das Gericht.

Der Imam fiel in Ohnmacht

Imam Bayildi

4 Auberginen
4 Zwiebeln
8 Knoblauchzehen
2 Tomaten
1 Tasse Olivenöl
½ Tl Salz
½ TL Pfeffer
1 Bund Petersilie
½ EL Zucker

Auberginen schälen, indem man abwechselnd einen 1 cm breiten Längsstreifen entfernt, einen ebenso breiten Streifen stehen läßt. In einem geschälten Streifen mit einem scharfen Messer einen Längsschnitt ausführen (in den später die Füllung kommt). Die Auberginen in einer Pfanne mit Olivenöl weichschmoren, herausnehmen und abtropfen lassen.

Für die Füllung werden in einer anderen Pfanne die in Streifen geschnittenen Zwiebeln und die kleingehackten Knoblauchzehen mit Salz, Pfeffer, Zucker und Petersilie einige Minuten geschmort. Die Auberginen Seite an Seite, mit dem Schlitz für die Füllung nach oben, in einen flachen Topf legen. Die Füllung mit einem Eßlöffel in die Öffnung geben, in Scheiben geschnittenen Tomaten darauflegen, 1 Glas Wasser angießen und etwa 15 Minuten bei geschlossenem Deckel auf mittlerer Flamme schmoren lassen. Vor dem Servieren abkühlen lassen.

Gefüllte Weinblätter

Zeytinyagli Yaprak Dolmasi

20 Weinblätter
100 g Patnareis
½ l Wasser
125 g Olivenöl
200 g Zwiebeln, feingehackt
20 g Pinienkerne
20 g Korinthen
1 TL Salz
1 TL Pfeffer
1 TL Zucker
½ Bund Dill
8 Blätter frische Pfefferminze

Zwiebeln und Pinienkerne im Olivenöl glasig dünsten, dann den gewaschenen Reis mit Salz und Pfeffer zufügen und das Ganze einige Minuten auf kleiner Flamme ziehen lassen. Korinthen, Zucker, Dill und Pfefferminze zugeben, alles gut umrühren, etwas Wasser angießen, 3 Minuten ziehen lassen. Die abgekühlte Masse in daumengroße Portionen teilen und in die Weinblätter einwickeln.

Der eigentliche türkische Trick kommt erst jetzt: Sie nehmen einen Schmortopf, bedecken den Boden mit einigen Weinblättern, legen darauf die in die Blätter eingewickelte Masse, bedecken sie mit Zitronenscheiben und gießen 1 Glas Wasser dazu. Jetzt wird der Deckel auf den Topf gesetzt und das Ganze 20 Minuten bei kleiner Flamme sich selbst überlassen. Vor dem Servieren abkühlen lassen.

Anstelle von Weinblättern lassen sich auch ausgehöhlte Paprikaschoten, Auberginen und Weißkohlblätter verwenden. Dabei ändert sich natürlich die Kochzeit und bei Paprika und Auberginen fallen die Zitronenscheiben fort.

Kalte Kohlroulade

(Gefüllte Kohlblätter)

Zeytinyagli Lahana Dolmasi

1 Weißkohl
250 g Patnareis
6 mittelgroße Zwiebeln
$\frac{1}{5}$ l Olivenöl
2 EL Pinienkerne
2 EL Korinthen
$\frac{1}{2}$ Bund Pfefferminze
1 Bund Dill
1 TL Zucker
$1\frac{1}{2}$ TL Salz
$1\frac{1}{2}$ TL weißer Pfeffer
1 TL Piment
1 Fleischtomate
$\frac{1}{4}$ TL Zimt

Mit einem scharfen Messer den Strunk aus dem Kohlkopf entfernen und die äußeren Blätter abtrennen. In einem großen Kochtopf den Weißkohl mit Salzwasser aufsetzen und zum Kochen bringen, Topf vom Herd nehmen, den Kohl aus dem Wasser nehmen und abkühlen lassen.
In einem Topf Zwiebeln und Pinienkerne in Olivenöl glasig dünsten, den gewaschenen Reis hinzufügen und 1 Minute unter ständigem Umwenden andünsten.
Die gehackten Tomaten, Salz, Zucker und Korinthen zugeben, mit $\frac{1}{2}$ Glas Wasser aufgießen, nochmals umwenden und ca. 10 Minuten auf kleiner Flamme gar ziehen lassen, nachwürzen und abkühlen lassen.
Inzwischen die einzelnen Kohlblätter vorsichtig abtrennen und die etwa handtellergroßen aussortieren. Diese Blätter auf ein Holzbrett legen und einzeln löffelweise mit dem Zwiebelteig belegen. Dann die gefüllten Kohlblätter aufrollen. Auf den Boden eines Schmortopfes einige Kohlblätter legen und die Kohlrouladen daraufschichten, mit Zitronenscheiben belegen und einen passenden Teller umgedreht darauflegen, 1 Glas Wasser darübergießen und bei geschlossenem Deckel etwa 30—35 Minuten gar ziehen lassen.
Sommerkohl ist für dieses Gericht besser geeignet als Winterkohl, da seine Blätter leichter zu verarbeiten sind.

Topinambur in Öl

Yerelması Zeytimyağlı

1 kg Topinambur
2 mittelgroße Zwiebeln
1 Porreestange
2 Möhren, mittelgroß
2 EL Reis
1/5 l Olivenöl
1 Bund Dill
1 EL Zucker
1 TL Salz
1/4 TL Zimt
Saft von 1 Zitrone

Die Topinambur waschen, schälen und in 5 mm dicke Scheiben schneiden. Die Zwiebeln schälen und einmal durchschneiden, beide Teile dann in Streifen schneiden. Die Porreestange waschen, putzen und in ca. 1 cm breite Streifen schneiden. Die Möhren schrappen und in Scheiben schneiden.

In einem Topf das Olivenöl erhitzen und die Zwiebelstreifen hineingeben, dann Topinambur und Möhren zufügen und unter ständigem Umwenden mit einem Holzlöffel goldbraun andünsten. Den gewaschenen Reis, Salz, Zimt, Zucker, Zitronensaft und die Hälfte des gehackten Dills hinzugeben und 1 Glas lauwarmes Wasser angießen, alles zum Kochen bringen, auf kleiner Hitze nach Zugabe von weiteren 3 Gläsern Wasser bei geschlossenem Deckel garen. Gelegentlich den Stand der Flüssigkeit kontrollieren. Wenn die Topinambur gar sind, darf außer dem Olivenöl keine Flüssigkeit mehr im Topf sein. Vor dem Servieren den restlichen Dill über das Gericht streuen.

Artischocken mit Saubohnen in Öl

Zeytinyağli iç Baklalı Enginar

4 große Artischocken
150 g Schalotten, geschält
150 g frisch enthülste Erbsen
250 g frisch enthülste Saubohnen
1 Bund Dill
1 TL Salz
½ TL weißer Pfeffer
¼ TL Zimt
1 EL Zucker
Saft von 1 Zitrone
¼ l Olivenöl

Artischocken zubereiten, wie bei dem Rezept »Gefülite Artischocken« (S. 144) beschrieben. Anstelle von Kartoffeln, Sellerie, Möhren und Petersilie verwenden Sie jedoch frisch enthülste Erbsen, Saubohnen und gehackten Dill.
Sollten Sie gerade keine frischen Erbsen oder Saubohnen bekommen können, verwenden Sie ruhig tiefgefrorenes Gemüse.

Kalte gefüllte Auberginen

Zeytimyagli Patlican Dolmasi

1 kg Auberginen
150 g Reis
2 Fleischtomaten
4 mittelgroße Zwiebeln
2 EL Pinienkerne
2 EL Korinthen
1 Bund Petersilie
1 Bund Dill
1 Bund Pfefferminze
1 TL Piment
1 TL Zimt
2 TL Salz
1 TL weißer Pfeffer
¼ l Olivenöl

Beim Einkaufen möglichst zylinderförmige Auberginen aussuchen. Ansätze entfernen (an den Enden) und in der Mitte quer durchschneiden. Die Früchte aushöhlen, waschen und abtropfen lassen.

Füllung wie im Rezept »Kalte Kohlroulade« (S. 150), zusätzlich das ausgehöhlte Fleisch der Aubergine hinzugeben und anstatt Weißbrot oder Paniermehl Reis unter die Masse mengen.
Die Auberginen mit diesem Teig locker füllen und als Deckel Tomatenstücke auf die Füllung legen. Die Auberginen senkrecht in den Topf stellen, wie gefüllte Paprika, und gar ziehen lassen.

Artischocken in Olivenöl

Zeytinyağli Enginar

4 große Artischocken
250 g Schalotten, geschält
1 kleine Sellerieknolle, geschält, gewürfelt
1 kleine Kartoffel, geschält, gewürfelt
2 mittelgroße Möhren, geschabt, in dünnen Scheiben
1 Bund Petersilie
1 TL Salz
½ TL weißer Pfeffer
¼ TL Zimt
1 EL Zucker
Saft von 1 Zitrone
⅕ l Olivenöl

Die Artischocken putzen, wie auf Seite 144 angegeben.
In einem flachen Topf oder feuerfester Glasform Olivenöl erhitzen und die Schalotten hineingeben, kurz andünsten. Dann gewürfelten Sellerie, Kartoffeln, Möhrenscheiben hinzufügen und einige Minuten unter ständigem Umrühren anbraten.
Artischocken, Salz, Pfeffer, Zimt, Zucker und Zitronensaft beifügen und soviel lauwarmes Wasser angießen, daß alles bedeckt ist, zum Kochen bringen und auf kleinster Flamme mit geschlossenem Deckel ca. 1 Stunde garen.
Bevor Sie den Topf vom Herd nehmen, streuen Sie gehackte Petersilie über die Artischocken.

Kalte gefüllte Paprikaschoten

Zeytimyagli Biber Dolmasi

1 kg grüne Paprikaschoten
250 g Patnareis
2 Fleischtomaten
5 mittelgroße Zwiebeln
2 EL Pinienkerne
2 EL Korinthen
1 Bund Petersilie
1 Bund Dill
1 Bund Pfefferminze
1 TL Piment
1 TL Zimt
1½ TL Salz
1 TL weißer Pfeffer
⅕ l Olivenöl

Stiel und Samen der Paprikaschoten entfernen, die Früchte waschen und abtropfen lassen.
Eine Füllung vorbereiten, wie im Rezept »Kalte Kohlroulade« (S. 150) beschrieben.
Den Boden des Schmortopfes mit Petersilien- oder Dillstengeln bedecken, damit die Paprikaschoten nicht ansetzen.
Die Paprikaschoten locker füllen, die Öffnung mit einem Stück Tomate bedecken und senkrecht in den Topf setzen und mit 1 Glas Wasser angießen. Auf kleiner Flamme ca. 1 Stunde gar ziehen lassen. Kleine und nicht so fleischige Sorten eignen sich für dieses Gericht am besten.

Reis und Nudeln

Reis mit Datteln

Hurmali Pilav

400 g Reis
300 g Datteln
5 EL Butter
1 TL Safranfäden, in lauwarmem Wasser aufgelöst
½ TL Salz
½ TL weißer Pfeffer
2 EL Pinienkerne
½ Bund frische Pfefferminze, gehackt
½ TL Zimt
½ TL Cayennepfeffer
800 dl heißes Wasser

Die Datteln waschen und abtropfen lassen. Die Haut abziehen und die Kerne entfernen. Die Datteln in Scheiben schneiden.
In einem Topf Butter zerlassen, Datteln, Pinienkerne, Safran und den Reis unter ständigem Wenden andünsten und mit dem heißen Wasser auffüllen, einige Male kräftig umrühren und bei geschlossenem Deckel etwa 20 Minuten simmern lassen. Wenn der Reis gar ist, einige Male von unten her mit einer Gabel oder Löffel anheben, den Deckel wieder schließen, und den Reis noch etwa 5 Minuten ruhen lassen.
Wenn Sie frische Datteln verwenden, braucht die Haut nicht abgezogen werden.
Dieser Reis eignet sich gut als Beilage zu Kalbsbraten oder Geflügel, aber auch als Füllung für Enten- oder Putenbraten.

Huhn mit Reis

Tavuklu Pilav

1 Huhn, ca. 1000—1200 g
500 g Reis
4 EL Butter
250 g Kichererbsen, gekocht
1 Möhre
2 Stangen Porree
2 TL Salz
2 TL weißer Pfeffer
1 EL Pinienkerne
1 Prise Zimt

Das Huhn in etwa 2—2½ l Wasser mit etwas Salz so lange kochen, bis sich das Fleisch leicht von den Knochen lösen läßt. Das Huhn aus der Brühe nehmen und abkühlen lassen. Die Brühe beiseite stellen. Das Hühnerfleisch von den Knochen lösen und die Haut entfernen.
Butter in einem Topf zerlassen und den gewaschenen und verlesenen Reis, geputzten und in Ringe geschnittenen Porree, geputzte und in Scheiben geschnittene Möhre, Pinienkerne und Kichererbsen kurz andünsten, wenden und das Hühnerfleisch hinzufügen, würzen und mit etwa 1 l Hühnerbrühe aufgießen und alles unter gelegentlichem Umrühren zum Kochen bringen. Bei geschlossenem Deckel auf kleiner Hitze ca. 20 Minuten garen lassen. Die Suppeneinlage vorsichtig mit einem Löffel anheben und den Deckel wieder aufsetzen und das Pilav noch ca. 5 Minuten ziehen lassen.

Reis mit Hackbällchen

Köfteli Pilav

500 g Reis
250 g Rinderhack
1 große Zwiebel
2 Fleischtomaten
1 Bund Petersilie
1½ TL Salz
1 TL weißer Pfeffer
1 TL Piment
½ TL Cumin
1 TL Koriander
1 TL Thymian
1 l Wasser
5 EL Butter
1 EL Pflanzenöl
2 Scheiben Toastbrot oder Weißbrot ohne Rinde
2 EL Pinienkerne

Das Rinderhack mit der geraspelten Zwiebel, dem eingeweichten Weißbrot und den Gewürzen verkneten und kleine, etwa haselnußgroße Bällchen formen. In einer Pfanne die Butter zerlassen und das Pflanzenöl hinzugeben, und die Hackbällchen darin braten.

In einem entsprechenden Topf Butter zerlassen, die Pinienkerne und den Reis anrösten, die geschälten Tomaten zufügen und ständig umwenden. Jetzt die gebratenen Hackbällchen in den Topf geben und das Ganze noch einige Male vorsichtig umwenden, damit die Hackbällchen ihre Form behalten. Mit Wasser ablöschen und nochmals umrühren, damit nichts ansetzt, kurz zum Kochen bringen und auf kleiner Hitze etwa 20 Minuten bei geschlossenem Deckel garen lassen.

Vor dem Servieren den Deckel vom Topf nehmen und den Reis nochmals umwenden und wieder zudecken. Nach etwa 5 Minuten, in denen der Reis ohne weitere Wärmezufuhr ruht, können Sie das Köfteli Pilav mit gehackter Petersilie bestreut servieren.

Reis mit türkischem Dörrfleisch

Pastirmali Pilav

500 g Patnareis
250 g türkisches Dörrfleisch (Schinken)
4 Tomaten
2 große Zwiebeln
1 Bund Petersilie
1 Prise Salz
1 Prise Pfeffer
5 EL Butter
1 l Wasser

Das türkische Dörrfleisch in dünne Scheiben schneiden. Die Butter im Topf zerlassen und unter ständigem Umwenden das Fleisch, gewürfelte Zwiebeln, gewaschenen Reis, geschälte und kleingeschnittene Tomaten dünsten, würzen und mit Wasser ablöschen. Das Ganze unter weiterem Umrühren zum Kochen bringen, dann bei geschlossenem Deckel auf kleinster Flamme etwa 15—20 Minuten garen lassen. Mit gehackter Petersilie garniert servieren.

Nudeln mit Rinderhack

Kiymali Makarna

500 g gekochte Nudeln
250 g Rinderhack
1 Zwiebel
250 g Tomaten
3 EL Butter
½ Bund Petersilie
1 TL Salz
1 TL weißer Pfeffer

Die Butter in einer Pfanne zerlassen und das Rinderhackfleisch mit der kleingehackten Zwiebel dünsten, mit einem Holzlöffel oder Gabelrücken immer wieder zwischendurch auflockern, damit sich keine Klümpchen bilden. Die geschälten Tomaten hinzufügen und würzen, einige Male umwenden und vom Herd nehmen.
Die Nudeln aus dem Abtropfsieb in einen Topf geben und mit dem Hackfleisch bedecken, bei geschlossenem Deckel auf kleiner Flamme etwa 5 Minuten ziehen las-

sen. Vor dem Servieren mit gehackter Petersilie bestreuen.

Nudeln mit türkischer Knoblauchwurst

Sucuklu Makarna

500 g gekochte Nudeln
250 g türkische Knoblauchwurst
1 TL Salz
1 TL weißer Pfeffer
½ TL Salbei
½ TL Thymian
1 Prise Cumin
2 Fleischtomaten, geschält, gewürfelt
½ Bund Petersilie
3 EL Butter

Die Wurst enthäuten und in gleichmäßige Scheiben schneiden. Die Butter zerlassen und die Wursträder zusammen mit den Tomaten kurz schmoren und würzen. Über die Nudeln geben und im vorgeheizten Backofen etwa 5 Minuten ziehen lassen. Mit gehackter Petersilie bestreut servieren.

Gebackene Makkaroni mit Schafkäse

Peynirli Firin Makarnasi

500 g Makkaroni, gekocht
250 g Schafkäse
1 Bund Petersilie
1 Bund Pfefferminze
Salz
weißer Pfeffer
4 Eier
100 g Hartkäse
1 kleine Tasse Vollmilch

Die Zubereitung ist dieselbe wie im Rezept »Gebackene Makkaroni mit Rinderhack« (S. 160).
Anstelle des Hackfleisches verwenden Sie jedoch Schafkäse, der mit Petersilie und gehackten frischen Pfefferminzblättern vermengt wird.

Gebackene Makkaroni mit Rinderhack

Kiymali Firin Makarnasi

500 g Makkaroni, gekocht	*Salz*
250 g Rinderhack	*Pfeffer*
1 große Zwiebel	*4 Eier*
2½ EL Butter	*100 g Hartkäse*
3 Peperoni, nicht zu scharf	*1 kleine Tasse Vollmilch*

Das Rinderhack mit der gewürfelten Zwiebel und in Ringe geschnittenen Peperoni in einer Pfanne mit zerlassener Butter unter ständigem Umwenden dünsten und würzen.

Eine Auflaufform ausfetten und die Hälfte der Makkaroni einschichten, die Eier verquirlen und mit dem geraspelten Hartkäse und der Milch vermengen, die Hälfte dieser Mischung über die Makkaroni gießen. Nun die halbe Menge des Hackfleisches in die Auflaufform geben und darauf die übrigen Makkaroni schichten, das restliche Ei darübergießen und die andere Hälfte des Hackfleisches darauf in die Form geben.

Bei mittlerer Hitze etwa 15—20 Minuten im Backofen gar ziehen lassen.

Pasteten

Dampfteig mit Hackfleisch

Su Böreği Kıymalı

500 g Mehl
3 Eier
1 TL Salz
6 EL Butter

Für die Füllung:
250 g Rinderhack
3 Zwiebeln, geschält, gewürfelt
2 EL Butter
½ TL Salz
½ TL Pfeffer
1 Bund Petersilie

In einer Pfanne 2 EL Butter zerlassen, Rinderhack zusammen mit den gewürfelten Zwiebeln schmoren, salzen und pfeffern, die gehackte Petersilie untermischen und das Ganze beiseite stellen.
Das Mehl auf ein Teigbrett oder eine Marmorplatte sieben, anhäufeln und eine Mulde eindrücken. Die Eier einzeln in eine Tasse schlagen und in die Mulde gleiten lassen, Salz und ein wenig Wasser hinzugeben und zu einem Teig verkneten. 10 Stücke abteilen und flachdrükken, mit einem sauberen, angefeuchteten Tuch bedeckt ca. 30 Minuten ruhen lassen.
Das Teigbrett oder die Marmorplatte mit Mehl bestreuen und jedes Teigstück dünn auswellen.
Auf den Boden einer gefetteten Backform eine Teigplatte legen, eine weitere für den Deckel beiseite legen. Die übrigen 8 Teigplatten der Reihe nach vorsichtig in einen Topf mit heißem Salzwasser gleiten lassen, nach ca. 1 Minute herausnehmen und in einen anderen, mit kaltem Wasser gefüllten Topf tauchen und auf einem Tuch

oder Küchenkrepp trocknen lassen. Dann nacheinander in die vorbereitete Backform legen und jede Platte mit etwas geschmolzener Butter bestreichen. Auf der vierten Teigplatte die angeschmorte Hackfleischmasse verteilen, und die drei weiteren Platten darüberlegen. Die letzte ungekochte Blätterteigplatte mit Butter bestreichen und einige Male mit einer Gabel einstechen, das Ganze im vorgeheizten Backofen ca. 1 Stunde bei mittlerer Hitze backen — heiß servieren.

Dampfteig mit Schafkäse

Peynirli Su Böreği

500 g Mehl
3 Eier
1 TL Salz

Für die Füllung:
400 g Schafkäse
2 Eier
2 EL Milch
½ Bund Petersilie
½ Bund Dill

Zunächst in einer Schüssel den Schafkäse mit einem Gabelrücken zerdrücken, Eier, Milch, gehackte Petersilie und Dill daruntermischen und eine grobe Käsemasse herstellen.
Die weitere Zubereitung erfolgt wie bei dem Rezept »Dampfteig mit Hackfleisch« (S. 161) beschrieben. Nur verwenden Sie hier für die Füllung anstelle des Hackfleischs die Käsemasse.

Dampfteig mit Hackfüllung

Kiymali Börek

500 g Mehl
250 g Butter
250 g Joghurt
1 Ei
2 EL Backpulver
Salz

Für die Füllung:
250 g Rinderhack
1 mittelgroße Zwiebel
2 EL Butter
¼ TL Salz
¼ TL Pfeffer
½ Bund Petersilie

In einer Pfanne zuerst das Rinderhack mit der kleingewürfelten Zwiebel dünsten, salzen, pfeffern und gehackte Petersilie untermischen — abkühlen lassen.
Die Teigzubereitung erfolgt wie bei dem Rezept »Dampfteig mit Hackfleisch« (S. 161) beschrieben.
Sie können für die Füllung anstatt Rinderhack oder Schafkäse auch gebratenen Blattspinat verwenden.

Hack-Tasche

Puf-Böregı

500 g Mehl
8 EL Butter
2 Eier
Salz
Pfeffer
lauwarmes Wasser

250 g Rinderhack
1 Zwiebel
½ Bund Petersilie
¼ l Olivenöl oder Pflanzenöl

Zuerst stellen Sie aus dem Rinderhack, der gewürfelten Zwiebel, gehackter Petersilie, Salz und Pfeffer die Füllung her.

Dann das Mehl mit 2½ EL Butter, 2 Eiern, Salz und lauwarmem Wasser zu einem weichen Teig verkneten und eine Rolle formen. In 10 Stücke aufteilen, jedes Teil mit der Hand abrunden und mit einem feuchten Tuch bedeckt, etwa 15 Minuten ruhen lassen. Inzwischen 5½ EL Butter schmelzen. Die Teigstücke auf der Arbeitsplatte mit etwas Mehl bestäuben und jedes Stück mit dem Wellholz 2—3 mm dünn ausrollen. Die Teigblätter mit Butter bepinseln. Danach je 5 Teigblätter aufeinanderlegen und mit einem feuchten Tuch bedeckt an einem kühlen Platz 20 Minuten ruhen lassen.

Die ersten 5 Teigblätter erneut auf die Arbeitsplatte legen und den Stapel wieder mit dem Wellholz 2—3 mm dünn ausrollen. Im Abstand von ca. 7—8 cm jeweils mit einem Löffel etwas Hackfleischfüllung daraufgeben.

Die restlichen Teigblätter ebenfalls 2—3 mm dünn ausrollen und über die Teigplatte mit dem Hackfleisch legen. Vorsichtig mit dem Teigrad oder einem scharfen Messer in Quadrate schneiden. Damit die Füllung nicht auslaufen kann, die Ränder gut andrücken. Danach in heißem Öl goldgelb braten. Heiß servieren.

Hacktaschen in Knoblauch-Joghurt

Mantı

250 g Mehl
250 g Rinderhack
2 Eier
5 EL Butter
1 Zwiebel
½ Bund Petersilie
500 g Joghurt
4—5 Knoblauchzehen
Salz
weißer Pfeffer
1 EL Paprikapulver
1 l Fleischbrühe

Zuerst das Rinderhack mit der feingewürfelten Zwiebel, der gehackten Petersilie, Salz und Pfeffer mit einer Gabel vermengen.
Das Mehl auf ein Teigbrett sieben, mit der Hand eine Mulde eindrücken, Eier, Salz und Wasser in diese Mulde geben, alles zu einem festen Teig verkneten und in 5 Stücke teilen. Die Teigstücke auf dem bemehlten Teigbrett mit den Wellholz etwa 2 mm dünn ausrollen und in 3 × 3 cm Quadrate schneiden. In die Mitte jedes Quadrates etwas Hackfleischfüllung geben, die Ecken hochschlagen und in der Mitte zusammendrücken.
Ein Backblech einfetten und die Teigtaschen nebeneinander legen. Bei mittlerer Hitze im Ofen etwa 30 Minuten backen.
Gesalzene Fleischbrühe in einem Topf erhitzen und die gebackenen Teigtaschen in die Brühe geben und auf kleinster Flamme gar ziehen lassen.
In der Zwischenzeit Knoblauch im Mörser zerdrücken und mit dem Joghurt und etwas Salz glattrühren. Die Teigtaschen mit der Schaumkelle aus der Brühe nehmen und in einen tiefen Teller geben, mit Joghurt bedecken.
Vor dem Servieren Paprikapulver in zerlassene Butter geben und über die Hacktaschen gießen.

Fladenbrot mit Schafkäse

Peynirli Pide

500 g Mehl
250 g Butter
1 Würfel Hefe
4 Eier
1/5 l Milch
1 Prise Salz

Für die Füllung:
250 g Schafkäse
2 Eier
1/2 Bund Petersilie
1/2 Bund Dill

Für die Füllung den Schafkäse mit 2 Eiern, gehackter Petersilie und gehacktem Dill vermischen.
In einer größeren Schüssel Hefe in der Milch auflösen und verrühren. Mehl, Butter, Salz und 2 Eier hinzufügen und einen Teig kneten. Die Schüssel zugedeckt an einen warmen Ort stellen. Wenn der Teig zu gehen beginnt, aus der Schüssel auf ein Brett geben und in etwa tennisballgroße Stücke aufteilen, zwischen den bemehlten Händen rollen und auf dem mit Mehl bestäubten Holzbrett zu ungefähr 1,5 cm dicken Ovalen ausrollen und diese in der Mitte mit dem Schafkäse belegen. Die Ränder von allen Seiten hochklappen, festdrücken und das Gebäck im Abstand von 6—7 cm auf ein gefettetes Backblech legen, mit Eigelb bepinseln und bei Mittelhitze im vorgewärmten Ofen etwa 30 Minuten backen.

Sesamkringel

Kandil Simidi

500 g Mehl
200 g Butter
½ Würfel Hefe
½ TL Salz
1/10 l Milch
1 TL Weichselkirschenpulver
3 Eier
2 EL Sesam
½ TL schwarzer Kümmel
2 EL Olivenöl

Die Hefe in einer Schüssel mit Milch verdünnen, 100 g Mehl hinzufügen und einen Teig herstellen. Die Schüssel zugedeckt an einen warmen Ort stellen, bis der Teig aufgeht.

Das restliche Mehl auf ein Teigbrett sieben und eine Mulde in das Häufchen drücken, Eier, Butter, Salz und Weichselkirschenpulver hineingeben und den aufgegangenen Vorteig hinzufügen. Den Teig schlagend kneten und in einer Schüssel, mit einem feuchten Tuch bedeckt, nochmals 30—35 Minuten ruhen lassen. Danach den Teig wieder auf die Arbeitsfläche legen und in etwa haselnußgroße Stücke zerteilen und aus diesen mit bemehlten Händen Röllchen formen. Beide Enden der Teigröllchen zusammenfügen, so daß Kringel mit 4—5 cm Durchmesser entstehen. Die Teigkringel mit Eidotter bepinseln und trocknen lassen, danach nochmals mit Eidotter bepinseln und mit Sesam und schwarzem Kümmel bestreut auf ein gebuttertes Backblech legen. Bei mittlerer Hitze ca. 30 Minuten im Ofen backen.

Sie können auch den Teig auf 0,5 cm Stärke ausrollen und mit einem Wasserglas oder runden Keksform ausstechen, so daß Sie zunächst Plätzchen erhalten, deren Mitte Sie nochmals ausstechen müssen, um Kringel zu erzielen.

Teigfladen mit Schafkäse-Füllung

Peynirli Börek

250 g Joghurt
500 g Mehl
250 g Butter
250 g Schafkäse
2 Eier
2 EL Backpulver
1 Bund Petersilie
Salz

Zuerst den Schafkäse mit dem Ei und der gehackten Petersilie mit dem Gabelrücken vermengen.
Dann Mehl und Backpulver mischen und zweimal durchsieben, anhäufeln und mit der Hand eine Mulde eindrücken. 1 Ei, Joghurt, Butter und 1 Tasse lauwarmes Wasser in die Mulde geben, Salz zufügen und einen weichen Teig kneten. Etwa eigroße Stücke abteilen, abrunden und mit der Hand zu etwa ½ cm dicken Fladen drücken. Auf jeden Fladen in die Mitte 1 EL Käsefüllung geben, die Ränder darüberklappen und festdrücken. Ein Backblech mit Mehl bestreuen und die gefüllten Fladen nebeneinander darauflegen. Im vorgeheizten Ofen bei mittlerer Hitze hellbraun backen. Sie können die Fladen vor dem Backen auch noch mit Eidotter bepinseln.

Fladenbrot

Pide

500 g Mehl, nicht sehr fein
1 Würfel Hefe
1 Prise Zucker
1 EL Salz
¼ l lauwarmes Wasser
1 Eidotter
1 EL schwarzer Kümmel

Mehl in eine Schüssel geben. In einer anderen Schüssel Hefe zerkrümeln und mit dem lauwarmen Wasser auflösen und vorsichtig in die Mitte des Mehls gießen, Salz und Zucker darüberstreuen, gut vermischen, kneten und mit einem Tuch zugedeckt an einem warmen Ort etwa 20 Minuten gehen lassen.

Dann den Teig auf ein Teigbrett legen, ein paarmal kneten und in etwa 10 Stücke aufteilen. Mit der Hand Bällchen formen, auf dem leicht mit Mehl bestreuten Teigbrett zu Fladen ausrollen. Die Finger in eine Schale mit Wasser tauchen und die Fladen flachdrücken. Ein Backblech bemehlen, in die Fladen nebeneinander darauflegen, mit Eidotter bepinseln und mit schwarzem Kümmel bestreuen. Im vorgeheizten Ofen etwa 15 Minuten bei mittlerer Hitze backen. Statt Kümmel können Sie auch Sesam zum Bestreuen verwenden.

Teigröllchen mit Schafkäse

Peynirli Sigara Böregi

2 Platten Blätterteig, fertig gekauft
200 g Schafkäse
1 Bund Petersilie
1 Ei
Salz (nur wenn der Schafkäse nicht gesalzen ist)
1/8 l Pflanzenöl

Für die Füllung das Ei trennen und den Eidotter mit dem Schafkäse und der gehackten Petersilie mit einer Gabel vermengen. Das Eiklar beiseite stellen.
Auf dem Arbeitstisch oder der Marmorplatte die Blätterteigplatten aufeinanderlegen und in der Mitte mit einem scharfen Messer durchschneiden. Die Hälften aufeinanderlegen und nochmals durchschneiden, wieder aufeinanderlegen und durchtrennen. Jetzt etwa 16 Dreiecke zuschneiden und auf die breite Seite jedes Dreiecks mit einem Löffel von der Schafkäsefüllung geben. Die beiden Spitzen der breiten Seite nach innen klappen und nun langsam zur Spitze hin aufrollen. Die Spitze in das Eiweiß tauchen, und auf dem Teig festkleben. Danach Pflanzenöl in einer Pfanne erhitzen und die Röllchen darin goldgelb braten.
Sie können für die Füllung auch Hackfleisch oder Spinat verwenden.

Süßspeisen und Gebäck

Süße Feigen

Incir Tatlisi

250 g getrocknete Feigen
150 g Raffinadezucker
100 g Walnußkerne, zerkleinert
½ EL Butter
20 g gemahlene Pistazien

Die Feigen waschen und 2 Stunden in heißem Wasser einweichen. Die Stengel der Feigen entfernen und mit den Fingern oder unter Zuhilfenahme eines Messers von oben her eine Mulde herstellen. Diese Mulde mit Zucker und den zerkleinerten Walnußkernen füllen.
Eine breite Pfanne ausfetten und die gefüllten Feigen nebeneinander hineinstellen, mit Milch bedecken und bei mittlerer Hitze so lange kochen, bis ¾ der Flüssigkeit verdunstet sind. Zwischendurch die Feigen immer wieder mit der Kochflüssigkeit begießen. Die Feigen abkühlen lassen und mit gemahlenen Pistazien bestreut servieren.

Süßer Joghurt

Yoghurt Tatlisi

500 g Joghurt
500 g Mehl
1000 g Raffinadezucker
1 TL Natron
4 Eier
½ l Wasser

Joghurt, Mehl, Eier und 500 g Zucker in einer Schüssel zusammen mit dem Natron zu einer flüssigen Masse ver-

rühren und in eine entsprechende Backform füllen. Bei mittlerer Hitze im vorgeheizten Ofen backen, bis die Masse steigt und dann abkühlen lassen.
Inzwischen die restlichen 500 g Zucker mit ½ l Wasser in einer Kasserolle zum Kochen bringen und so lange kochen lassen, bis ein Sirup entsteht. Diesen Sirup über die gebackene Joghurtmasse gießen und anschließend in Scheiben aufschneiden.

Kandierte Sultaninen

Üzüm Şekerlemesi

Sultaninen oder Weintrauben
6 EL Raffinadezucker
3 EL Wasser
1 EL Essig

Die Weintrauben oder Sultaninen waschen und abtropfen lassen. Die einzelnen Früchte auf kleine Holzstäbchen (Zahnstocher) stecken.
In einem kleinen Topf Zucker, Wasser und Essig verrühren und etwa 10 Minuten ruhen lassen, danach kurz aufrühren und die Zuckerlösung bei mittlerer Hitze bis zum Siedepunkt erhitzen, weitere 10 Minuten sieden lassen, bis der Sirup eine leichte Färbung annimmt. Den Sirup vom Herd nehmen. Nun die Trauben oder Sultaninen in den Sirup tauchen, diese auf ein Backgitter zum Abtropfen legen und die Früchte trocknen lassen.

Safranreis

Zerde

100 g Patna- oder Milchreis
250 g Zucker
1½ g Safran
etwas Rosenwasser
50 g Korinthen
25 g Pistazien
1 Granatapfel

Reis mit Zucker und Wasser ca. 20 Minuten auf großer Flamme kochen, den in 5 cl Wasser eingeweichten Safran in heißem Wasser schmelzen und mit dem Rosenwasser unter den Reis rühren. Weitere 10—15 Minuten kochen lassen, bis der Reis breiig wird. In kleine Schüsseln verteilen und abkühlen lassen. Zum Servieren mit Korinthen, Pistazien und Granatapfel bestreuen.

Grieß mit Pinienkernen

Irmik Helvası

500 g Grieß
9 EL Butter
100 g Pinienkerne
400 g Zucker
½ l Milch

Zuerst den Zucker mit der Milch verrühren. Die Butter in einem Topf mit abgerundetem Boden zerlassen, Grieß und Pinienkerne hinzufügen und goldgelb dünsten, die vorbereitete Zuckerlösung dazugießen und sofort schnell und kräftig umrühren. Bei niedrigster Flamme mit geschlossenem Deckel etwa 15 Minuten simmern lassen. Den Topf vom Herd nehmen, Deckel kurz öffnen und wieder schließen, das Ganze einige Minuten ruhen lassen. In Portionsschalen füllen und mit einigen Pinienkernen garnieren.

Die Lippen einer schönen Frau

Bilber Dudagi

250 g Mehl
3 EL Butter
2 TL Raffinadezucker
3 Eier
½ TL Salz
⅕ l Wasser oder 1 Glas Milch
50 g Pistazien, gehackt
400 g Raffinadezucker
100 g Honig
½ l Wasser
Oliven- oder Pflanzenöl

Zunächst stellen Sie eine Zuckerlösung her. Dafür 400 g Zucker in ½ l Wasser geben und 100 g Honig darunterrühren, alles erwärmen und ständig weiterrühren, bis die Masse zu Sirup geworden ist. Vom Herd nehmen und beseite stellen.

Nun stellen Sie einen Brandteig her: ⅕ l Wasser oder 1 Glas Milch mit 3 EL Butter zum Kochen bringen und vom Feuer nehmen, nun das Mehl vorsichtig einstreuen, während Sie immer weiterrühren und das Salz zu der Mischung geben. Jetzt stellen Sie den Topf wieder auf den Herd und erhitzen ihn so lange auf mittlerer Flamme bis der Mehlgeruch verflogen ist, dabei ständig kräftig umrühren. Den Topf beiseite stellen und abkühlen lassen.

Dann 2 EL Zucker und die Eier nach und nach unter den Teig mischen. Aus dem Teig kleine Kugeln formen, diese dann flachdrücken und zur Hälfte überklappen, so daß zwei Lippen entstehen. Das Öl in einer Pfanne erhitzen und die Teigstücke darin goldgelb braten, das Fett abtropfen lassen. Nun tauchen Sie die schönen Lippen in die Zuckerlösung und lassen sie etwas weich werden, dann nehmen Sie sie mit einer Schöpfkelle aus der Zuckerlösung und servieren sie mit den gehackten Pistazien bestreut oder mit einem Tupfer Schlagsahne.

Kandierte Akazienblüten

Von der weißen blattachsigen Traube die einzelnen Blüten abzupfen.
Eine kleine Menge pulverisiertes Gummiarabicum mit zwei Teilen Rosenwasser oder normalem Wasser, dem Sie einige Tropfen Zitrone beigeben, zu einer flüssigen Masse verrühren. Feinen Zucker auf einen Teller sieben. Die einzelnen Blüten mit einem dünnen, weichen Pinsel mit der Gummilösung bestreichen. Vorsichtig die Blüten auf den Zucker legen und mit Zucker übersieben. Die kandierten Blüten nun auf ein Backgitter legen. Bei niedrigster Temperatur etwa 2—4 Stunden im Backofen trocknen, dabei stündlich wenden, damit die Blüten gleichmäßig trocknen.

Anmerkung: Gummiarabicum ist ein Naturgummi, das in Drogerien und Apotheken erhältlich ist.

Fadennudeln mit Walnüssen

Tel Kadayif

500 g Fadennudelteig (kann in der Türkei fertig gekauft werden)
6 EL Butter, geschmolzen
150 g Walnußkerne
500 g Raffinadezucker
¼ l Wasser
Saft von ½ Zitrone

Die Hälfte der Fadennudeln locker in eine Backform oder feuerfeste Schüssel geben und die zerkleinerten Walnüsse darüberstreuen. Mit der anderen Hälfte der Nudeln bedecken und mit der geschmolzenen Butter übergießen. Im vorgeheizten Ofen bei mittlerer Hitze ca. 40—45 Minuten backen.

Inzwischen einen Sirup aus Zucker, Wasser und dem Zitronensaft kochen, abkühlen lassen und über die gebakkenen Nudeln geben. Kalt mit Sahne servieren.
Die Süße des Sirups können Sie regulieren, indem Sie die Zucker- oder Wassermenge variieren. Sie können auch Honig verwenden, müssen aber den Zucker entsprechend reduzieren. Wichtig ist, daß Sie entweder die heißen Fadennudeln mit kaltem Sirup oder die abgekühlten Nudeln mit heißem Sirup begießen.
Kochprofis bereiten Tel Kadayif wie folgt zu: Zuerst ein Pastetenblech buttern, die Hälfte der Fadennudeln locker hineingeben, mit zerkleinerten Walnüssen bestreuen, die andere Nudelhälfte darübergeben und mit der geschmolzenen Butter kreisförmig begießen.
Im Holzkohlebecken auf glimmernder Asche goldgelb braten. Hin und wieder mit einer Messerspitze die Fadennudeln anheben und prüfen, ob sie gleichmäßig gebraten werden. Dann umwenden, mit einem Löffelrükken leicht daraufdrücken, damit die Butter möglichst nach unten fließt und genau wie die obere Schicht sorgfältig braten, abkühlen lassen und mit heißem Sirup servieren.
Wenn Sie diese Süßigkeit nicht so knusprig mögen, dekken Sie das Gefäß zu, während der heiße Sirup ein wenig einzieht.
Eine andere Zubereitungsmöglichkeit ist, zwei Pastetenbleche zu verwenden und die beiden Hälften der Pastete erst nach dem Backen übereinanderzulegen, die Walnußkerne sind in der Mitte.
Bei der Zubereitung auf dem Herd oder auf glimmender Asche können Sie natürlich auch eine Pfanne benutzen, wenn kein Pastetenblech zur Hand ist.

Frauennabel

Kadin Göbegi

250 g Mehl
4 Eier
½ TL Salz
1 TL Vanille
2 TL Raffinadezucker oder brauner Zucker
¼ l Wasser
1 Tasse Milch
1 TL geriebene Zitronenschale
4 EL Butter
50 g Pistazien, gehackt
Oliven- oder Pflanzenöl zum Braten

Für den Sirup:
400 g Raffinadezucker
100 g Honig
½ l Wasser
2 EL Zitronensaft

Zuerst stellen Sie die Zuckerlösung her. Dafür 400 g Zucker, 100 g Honig und 2 EL Zitronensaft in einen ½ l Wasser geben und alles langsam erhitzen, bis sich die Zutaten gelöst haben, und unter ständigem Rühren so lange kochen, bis die Masse zu Sirup wird. Den Topf vom Herd nehmen und beiseite stellen.
Für die Bereitung des Brandteiges werden ¼ l Wasser und 1 Tasse Milch mit der Butter zum Kochen gebracht, dann vom Feuer nehmen und das Mehl vorsichtig unter ständigem Rühren einstreuen.
Dabei fügen Sie auch das Salz zu und stellen den Topf dann wieder auf den Herd und erhitzen die Masse auf mittlerer Flamme so lange, bis der Mehlgeruch verflogen ist, dabei ständig kräftig umrühren. Den Topf vom Herd nehmen und beiseite stellen. Die Eier in eine Schüssel schlagen und mit der geriebenen Zitronenschale, 2 TL Zucker und 1 TL Vanille glattrühren, dem abgekühlten Teig zufügen und gut vermischen.
Den Teig auf ein breites Holzbrett oder die saubere Arbeitsfläche legen. Mit den Händen, deren Innenseite Sie zuvor mit Öl bestrichen haben, etwa eigroße Stücke vom Teig abnehmen, zu Kugeln rollen und flachdrücken, dann mit dem Daumen eindrücken, bis eine Vertiefung ent-

steht. Das Öl in einer breiten Pfanne erhitzen und darin die Frauennabel goldgelb braten, anschließend in den vorbereiteten Sirup tauchen und mit gehackten Pistazienkernen bestreut servieren.
Bevor Sie das Gebäck mit Pistazien verzieren, können Sie auch einen Tupfer Sahne daraufgeben und erst dann die Pistazienkerne darüberstreuen.

Vezir-Finger

Vezir Parmağı

250 g Grieß
½ l Milch
2 EL Butter
3 Eier
1 TL Natron

Für den Sirup:
500 g Raffinadezucker
¼ l Wasser
Saft von ¼ Zitrone

Zunächst den Zucker im Wasser verrühren und aufkochen, den Zitronensaft zugeben und unter ständigem Rühren so lange weiter erhitzen, bis die Flüssigkeit eine sirupartige Konsistenz erreicht.
Die Milch zum Kochen bringen und die Hitze drosseln, unter ständigem Umrühren den Grieß in die Milch rieseln lassen, die Butter hinzufügen und 5—10 Minuten unter ständigem Rühren weiterkochen lassen, dann die Masse abkühlen lassen. Eier und Natron unter diesen dicken Brei rühren und aus dem Teig kleine Finger formen und auf ein gefettetes Backblech oder in eine große gefettete Backform legen. Zwischen den einzelnen Fingern sollte ein Abstand von ca. 3 cm verbleiben, die Finger mit einem Gabelrücken leicht flachdrücken und im vorgeheizten Backofen bei Mittelhitze goldgelb backen.
Die Vezirfinger abkühlen lassen und mit einer Gabel einstechen, damit der Sirup, mit dem sie vor dem Servieren übergossen werden, besser einziehen kann.

Blätterteiggebäck mit Nußfüllung in Sirup

Baklava

500 g Mehl
350 g Butter
250 g Mandeln, Walnußkerne oder Pistazien
5 Eier
½ Becher Joghurt
900 g Zucker
1 EL Zitronensaft
1 EL Honig

Mehl auf die Platte schütten, eine Mulde eindrücken und Eier, Joghurt, 2 Tassen Wasser und die vorher geschmolzene Butter hineingießen. Gut verkneten. Den Teig zu einer Rolle formen und diese in etwa 40 Scheiben schneiden. Diese etwa 1 mm dünn ausrollen, an den Rändern leicht aufbiegen und auf ein gefettetes Backblech legen. Mit einer Schicht gehackter Mandeln, Pistazien oder Walnüsse bestreuen, darauf wieder ein Teigblatt legen, darauf wieder eine Schicht Nüsse und so weiter, bis alle Teigblätter verbraucht sind (die oberste Schicht muß ein Teigblatt sein). In Rechtecke oder Rauten von 2×2 cm Größe schneiden. 30 Minuten lang in den auf 180° vorgeheizten Backofen stellen und anschließend 10 Minuten bei 140° backen.
In einem mittelgroßen Topf den Zucker mit Zitronensaft, Honig und 6 Tassen Wasser zu zähflüssigem Sirup kochen, vom Feuer nehmen und abkühlen lassen, bis er lauwarm ist.
»Baklava« aus dem Backofen nehmen, Sirup darübergießen und einziehen lassen.
Mit gehackten Pistazien oder süßem Rahm servieren.
Die Zubereitung dieses Leckerbissens erfordert viel Erfahrung. Am besten geht es auf einer Marmorplatte. Ein glatter Holztisch tut's zur Not jedoch auch.

Sekerpare

250 g Mehl
6 EL Butter
100 g Mandeln
100 g Puderzucker
½ TL Natron
2 Eier
1 Prise Salz
250 g Raffinadezucker
¼ l Wasser
Saft von ½ Zitrone

In einem Topf oder einer Kasserolle Zucker, Wasser und Zitronensaft unter Rühren zum Kochen bringen, die Lösung ca. 5 Minuten kochen lassen und beseite stellen.
In einem größeren Topf die Eier mit dem Puderzucker glattrühren, zerlassene und abgekühlte Butter und Salz hinzufügen. Langsam das Mehl daruntermischen, bis ein Teig entsteht. Von dieser Masse nehmen Sie kleine Stükke ab und formen daraus kleine Halbkugeln, mit etwa 4—5 cm Durchmesser und legen obendrauf eine Mandel, die Sie leicht andrücken. Die Kugeln im Abstand von ca. 3 cm auf ein gefettetes Backblech setzen und im vorgeheizten Ofen bei Mittelhitze ca. 35 Minuten backen. Vor dem Servieren in die Zuckerlösung tauchen.

Getränke

Knabenkraut-Getränk

Salep

1 l Milch
8 TL Knabenkrautpulver
6 EL Zucker
1 TL Zimt

Die Milch in eine Kasserolle geben und das Knabenkrautpulver hineinrühren. Auf mittlerer Hitze unter ständigem Rühren ca. 10 Minuten köcheln lassen, den Zucker hinzufügen und so lange weiterrühren, bis ein dünner Brei entsteht. Die Kasserolle vom Herd nehmen, die Milch in Tassen füllen und mit Zimt bestreuen.

Gegorener Hirsebrei

Boza

Boza ist ein kalter, dickflüssiger Brei aus Hirse. Man trinkt ihn vor allem an Wintertagen.

1 kg Hirse
150 g Hefeteig
500 g Kristallzucker
Zimt
Ingwer

Die Hirse verlesen, waschen und über Nacht in lauwarmem Wasser einweichen. Dann die Hirse so lange kochen, bis ein Brei entsteht. Diesen durch ein Sieb in einen anderen Topf passieren, Zucker zufügen und noch mal auf den Herd stellen, bis der Zucker schmilzt. Dabei

ständig umrühren und nochmals kurz kochen lassen. In eine Emaille- oder Porzellanschüssel füllen.
Den Hefeteig in ein sauberes Leinentuch wickeln und in den Brei stecken und das Ganze in den auf mittlere Stufe vorgeheizten Backofen stellen, bis die Masse gärt. Die Schüssel aus dem Ofen nehmen und abkühlen lassen. Zum Servieren mit Zimt und Ingwer bestreuen.
Man kann die Hirse auch durch Weizengrütze ersetzen.

Joghurt-Getränk

Ayran

Beim Buttern in einem Butterfaß bleibt nach der Buttergewinnung Flüssigkeit zurück, die die Grundlage für das Ayran-Getränk ist. Besonders an heißen Tagen sind Joghurt-Getränke angenehme Durstlöscher.

500 g Vollmilchjoghurt oder Dickmilch
1/5 l Wasser oder Mineralwasser
1 Prise Salz
1 Prise Pfefferminze

Vollmilchjoghurt oder Dickmilch mit Wasser — besonders gut eignet sich kohlensäurehaltiges Mineralwasser —, mit Salz und der Pfefferminze glattrühren. Sie können auch den Mixer verwenden. Je nachdem, ob Sie das Getränk flüssiger oder konsistenter haben wollen, können Sie dies durch die Wassermenge steuern. In einen Krug füllen und kalt stellen, vor den Eingießen in Trinkgläsern nochmals kurz durchrühren.

Schwarzer Tee

Cay

Für die Teezubereitung benötigen Sie

1 Wasserkessel

1 kleine Kanne aus Porzellan oder Metall

Zuerst den Kessel mit frischem kalten Wasser füllen und auf das Feuer setzen, bis das Wasser kocht. In den kleinen Kessel oder die Kanne geben Sie 1 EL türkischen Tee. Die Tülle verschließen Sie mit Papier und auch der Deckel muß fest schließen, damit das Aroma nicht aus der Kanne entweichen kann. Nun das kleine Gefäß auf den Wasserkessel setzen, wenn das Wasser anfängt zu kochen, füllen Sie den kleinen Kessel mit kochendem Wasser, ergänzen die Flüssigkeitsmenge im großen Kessel und lassen das Wasser weiterkochen.
Bei Servieren wird zunächst aus dem kleinen Behälter Teesatz in die Gläser gegossen. Die Gläser werden etwa zu einem Drittel damit gefüllt, dann füllen Sie sie mit sprudelnd kochendem Wasser auf und süßen nach Geschmack mit Würfel- oder Kandiszucker. Oder Sie nehmen ein Stück Zucker auf die Zunge und trinken den Tee ungezuckert.

Kaffee

Der Kaffee, so wird behauptet, ist im Jahre 1258 in Moka (heutiges Saudi-Arabien) entdeckt worden. Ab ca. 1543 wird er in der Türkei getrunken. 1669 machte ihn der Osmanische Botschafter Süleyman Aga in Paris bekannt. Das erste Kaffeehaus, wie wir es heute noch kennen, entstand in Istanbul im Jahre 1555.
Die Kaffeebohnen werden in einem Tontopf geröstet und mit einer Handmühle feingemahlen. Je frischer der Kaffee, desto schmackhafter ist er. Aus diesem Grunde haben viele Familien ihn früher täglich geröstet.
Wie man einen türkischen Mokka zubereitet?
Man verwendet einen Emaille- oder Kupfertiegel, der in der Türkei »Dscheswe« heißt. Es ist ein Gefäß, das nach oben hin enger wird und einen langen Stiel hat, damit man sich die Finger nicht verbrennt.
In den »Cezve« kommt gemahlener Kaffee, Zucker und kaltes Wasser. Unter ständigem Umrühren langsam zum Kochen bringen, bis es schäumt. In eine Tasse abgießen und den Rest erneut kochen bis er hochsprudelt. Dann zum Schaum in die Tasse gießen.
Kocht man den Kaffee auf Holzkohlenfeuer, schmeckt er besser, weil er sich so langsam wie möglich erhitzen soll. Normalerweise nimmt man für eine Tasse Mokka 1½ TL Kaffee, 1 Stück Würfelzucker und eine kleine Tasse Wasser. Aber die Original-Töpfchen fassen bereits die vorgeschriebene Menge und können als Meßgefäße verwendet werden.

Wein

In der Türkei hat der Wein bereits Tradition: Schon der Arche-Erbauer Noah hat Weinreben gesehen, die sich an einem Baum hochrankten, und eine Ziege, die davon gefressen hatte, soll einen Tag lang betrunken umhergelaufen sein. Immerhin ist Noah dann auf einem türkischen Berg gelandet — dem Ararat.
Obwohl die Weintraube in der Türkei so alt ist, hat der Weinanbau keine so überragende Bedeutung wie etwa in Frankreich. Die Ursache dürfte auf die mohammedanische Religion zurückzuführen sein.
In der Türkei gibt es heute ca. 8 000 000 Hektar Weinberge. Das bedeutet jährlich 2 000 000 bis 3 400 000 Tonnen Weintrauben. Aber noch nicht einmal 3 Prozent davon werden zum Keltern verwendet, das sind netto 50 000 Tonnen, die von 206 Weinkellereien verarbeitet werden. 33 davon gehören zum türkischen Staatsmonopol, das 50 bis 60 Prozent des gesamten Jahrgangs produziert.

Die wichtigsten Weintraubenzonen der Türkei:

Ege	600 000 Tonnen	Ägäis
Orta Anadolu	470 000 Tonnen	Mittel-Anatolien
Güneydogu Anadolu	370 000 Tonnen	Südost-Anatolien
Akdeniz	300 000 Tonnen	Mittelmeer
Karadeniz	150 000 Tonnen	Schwarzes Meer
Marmara	110 000 Tonnen	Marmarameer
Dogu Anadolu	40 000 Tonnen	Ost-Anatolien

Folgende Rebensorten sollte man sich merken:

Sorte	*Zone*	*Alkohol %*	*Säuregehalt %*
1. Weißwein			
a = gute Qualität			
Hasandede	Mittel-Anatolien	11—13	5—6
Emir	Mittel-Anatolien	11—13	4—5,5
Narince	Schwarzes Meer	12—13	5
Semillon	Marmarameer	11—12	5
b = Tafelwein			
Kalecik beyazi	Mittel-Anatolien	11—13	3—5,5
Yapincak	Marmarameer	11—13	4—7
Altintas	Marmarameer	11—12	5—6,5
Beylerce	Marmarameer	12—12,5	4—6
Cekirdeksiz	Ägäisches Meer	12—14	5—7
Akkemoe	Ägäisches Meer	12—14	6
Dökülen	Ostsüd-Anatolien	12—15	5
2. Rotwein			
a = gute Qualität			
Kalecik	Mittel-Anatolien	12—14	4—7
Papas Karasi	Marmarameer	11—13	5—7
Öküzgözü	Ost-Anatolien	12—14	6—9
Bogaz Kere	Ost-Anatolien	13—14	6—8
b = Tafelwein			
Cubuk Karasi	Mittel-Anatolien	11—12	
Kuntra	Marmarameer	13—16	
Ada Karasi	Marmarameer	12	
Kara Sakiz	Marmarameer	13	
Kara Lahna	Marmarameer	11—12	

Register nach Sachgebieten

SAUCEN

SÜSSPEISEN UND GEBÄCK

SUPPEN

VORSPEISEN KALT UND WARM

Alphabetisches Register